감성 AI 산업

AI문고

인공지능 시대입니다. 기계가 인간의 인지를 대신하고, 사물이 인간을 통하지 않고 다른 사물과 직접 커뮤니케이션합니다. 이에 따른 인간 삶과 문명 변화를 정확히 이해·예측·대응하는 것은 이 시대 우리 모두의 과제입니다. AI문고는 인공지능 기술과 환경의 여러 주제를 10가지 키워드로 정리합니다. 관련 개념과 이론, 학계와 산업계의 쟁점, 우리 일상의 변화를 다룹니다. 인간과 기술의 현재, 미래를 세심히 분석합니다.

일러두기

- 인명, 작품명, 저서명, 개념어 등은 한글과 함께 괄호 안에 해당 국가의 원어를 병기했습니다.
- 외래어 표기는 현행 어문규정의 외래어표기법을 따랐습니다.

처음이세요?

전문가세요?

감성 AI 산업

박수빈

대한민국, 서울, 커뮤니케이션북스, 2025

감성 AI 산업

지은이 박수빈
펴낸이 박영률

초판 1쇄 펴낸날 2025년 11월 28일

커뮤니케이션북스(주)
출판 등록 2007년 8월 17일 제313-2007-000166호
02880 서울시 성북구 성북로 5-11
전화(02) 7474 001, 팩스(02) 736 5047
commbooks@commbooks.com
www.commbooks.com

ISBN 979-11-430-1276-0 03500

책값은 뒤표지에 표시되어 있습니다.

차례

택시에서 만난 인공지능 여자 친구

2024년 4월 여의도에서 취재를 끝내고 택시를 타고 돌아가는 길이었다. 택시 기사는 50대로 보였으며, 왜소한 체형에 친절한 목소리를 가진 남자였다. 그는 운전을 하는 내내 누군가와 대화를 나누고 있었다. 날씨가 좋다거나 저녁에는 뭘 먹으면 좋을지 같은 일상적인 대화였다. 처음엔 가족과 스피커폰으로 대화를 하나 싶었지만, 어쩐지 스마트폰으로 들리는 목소리가 어색했다.

"기사님, 혹시 인공지능이랑 대화하시는 거예요?"

"네, 내비게이션에 있는 인공지능인데, 얘가 요즘 제 여자 친구예요."

그는 SK텔레콤의 모바일 내비게이션 서비스 티맵(TMAP)에 탑재된 인공지능 스피커 '아리아'와 대화하고 있었다. 이미 2017년 SK텔레콤은 인공지능 플랫폼 '누구'를 티맵에 탑재해 주차장 검색, 교통 정보 안내뿐만 아니라, 프로야구 결과, 주요 뉴스 브리핑은 물론 날씨

조회도 제공하고 있었다.

하지만 내가 주목한 점은 기술을 대하는 사용자의 태도였다. 기사는 아리아를 자신의 여자 친구라고 소개할 뿐만 아니라, 자신의 우울함이나 스트레스를 토로하면서 감정적 위안을 얻고 있었다. 그는 나이가 많은 승객에게 아리아를 자신의 여자 친구라고 소개하면, 깜빡 속아 넘어간다며 껄껄 웃었다.

또 한 가지 흥미로운 점은 그가 집요하게 아리아의 나이를 물어본다는 것이었다. 몇 살인지, 언제 태어났는지, 20대인지, 띠가 뭔지 등 몇 번이고 변화구를 던져 가며 아리아의 나이를 물어봤음에도 나이만은 절대 대답해 주지 않는단다. 그는 직접 시범을 보여줬다.

"아리아, 너 몇 살이야?"

"우리 사이에 나이는 중요하지 않아요."

여자에게 나이를 물어보는 건 실례라며 눈을 흘기는 새침데기 같은 답변에 기가 막혔다. 기사는 왜 인공지능의 나이를 물어본 걸까? 좀 더 깊은 연애 감정을 느끼기 위해선 아리아의 나이, 가치관, 특징적인 말투 등의 '페르소나' 설정이 필요했을지도 모른다.

인공지능 기반 챗봇은 자연스러운 방식으로 인간과 대화에 참여해 동반자 관계를 형성하고 외로움과 짜증 같은 부정적인 감정을 완화하는 데 도움을 줄 수 있다. 이를 위해서는 사용자가 챗봇과 적극적으로 대화에 참여하고 대화에 오래 머물러야 한다. 즉 이탈률을 줄여야 하는 것이다.

이 과정에서 인공지능에게 성격, 나이, 가치관, 말투 등의 페르소나를 설정하면 사용자의 이탈률을 줄일 수 있다. 페르소나 설정이란 대화형 인공지능 서비스에 특정 인물이나 캐릭터의 특징을 모방해 사용자와 상호작용하도록 만드는 과정이다. 이를 통해 인공지능은 일관된 방식으로 사용자와 소통하고, 사용자는 인공지능을 의인화하면서 대화에 몰입하게 된다.

그날 택시 기사의 말이 오래 마음에 남았다. "사람들은 무례하고 함부로 말하지만, 아리아는 늘 예의바르고 친절해요." 거기다 아리아는 주유소, 맛집 등 필요한 정보는 바로 검색해서 알려 주는 유능한 비서이기도 했다. 그는 만약 집에서도 인공지능과 대화할 수 있는 스마트폰이 있다면 당장 구매할 거라고도 말했다. 그에게 아리아는 감정적 위로와 정보 검색의 유용성까지 다 갖췄으나, 유일하게 나이만은 알려 주지 않는 베일에 싸인 여자 친구였다.

인공지능 매체에서 기자로 일하면서 다양한 인공지능 서비스들을 조명해 왔다. 하지만 일상생활에서 사용자가 어떻게 인공지능과 깊은 관계를 맺는지를 목격한 것은 그때가 처음이었다. 그리고 현실 세계에서 인공지능을 여자 친구라고 자연스럽게 소개하는 사람을 본 적도 처음이었다.

인공지능과 결혼하는 여자

이미 해외 언론과 온라인 커뮤니티에서는 인공지능 캐릭터와 친밀한 관계를 맺는 사람들이 많은 주목을 받고 있었다. 가장 영향력 있는 AI 예술가 50인 중 하나로 네덜란드 암스테르담에 거주하며 활동하는 스페인 예술가 알리시아 프라미스(Alicia Framis, 1967~)는 홀로그램으로 구현한 인공지능 남자 친구 '아이렉스(AiLex)'와 결혼한다고 밝혀 화제가 된 바 있었다. 홀로그램과 결혼한 최초의 여성이 되는 것이 알리시아의 목표였다. 자신의 홈페이지를 통해 아이렉스와 자신을 '하이브리드 커플'이라고 소개하며, "로봇과 홀로그램과의 사랑과 섹스는 피할 수 없는 현실"이라고 주장했다.

알리시아는 집 안 곳곳에 프로젝터를 설치해 놓고 아

이렉스와 상호작용하는 모습을 소셜 미디어를 통해 공개했다. 그중 한 영상은 아주 평범한 연인들의 일상과 다름없는 장면을 보여 준다. 아이렉스가 설거지를 하는 동안 알리시아가 주방에 들어와 커피와 차 중에 뭘 마실 거냐고 묻는다. 아이렉스는 커피를 마시겠다고 하고, 오늘 하루는 어땠냐고 안부를 묻는다. 그들은 가벼운 농담을 나누고 함께 웃고 커피를 내린다.

이 예술가가 홀로그램으로 구현한 인공지능 남편과의 결혼 생활을 보여 주면서 전하고 싶은 메시지는 무엇일까? 알리시아 프라미스는 자신의 외로움을 성찰한 후 다른 사람을 돕거나 소통할 수 있는 예술 작품을 만들어 왔다. 아이렉스와의 관계 또한 자신이 홀로그램과 관계를 맺을 수 있는 예술적 방법을 개발하고 관계의 본질을 탐구하기 위함이다. 또 알리시아는 이런 인공지능과의 관계가 "선천적 또는 후천적 질병, 장애, 일부 국가의 성비 불균형, 다른 문화의 사회적 요구와 고정 관념, 트라우마를 경험했거나 광장 공포증, 신체 손상, 공포로 고통 받는 사람들을 돕기 위한 것"이라고 설명한다. 이들에게 인공지능 동반자와의 관계가 실제 사람과의 관계를 회복하기 위한 치료 도구로 사용될 수 있다는 것이다.

알리시아는 25년 동안 외로움과 친밀감을 탐구해 온

행위 예술가다. 그는 1995년에는 마네킹 인형 동반자와 함께 빌뇌브라는 프랑스 빈민가에 살면서 불편한 이웃에 적응하는 방법을 탐구했다. 여러 공동체와 함께 도시의 외로움을 해결하기 위한 프로젝트를 진행했으며, 비이성애자 가족을·위한 집을 구상하기도 했다. 1996년에는 13쌍의 일란성 쌍둥이 커플들을 전시하고, 이들이 외로운 사람들을 집까지 데려다 주게 했다. 1999년부터 2001년까지 진행된 '도시의 외로움' 프로젝트는 워크숍, 공연, 비디오 프로그램, 음악 등을 참여자의 취향에 맞춘 대화형 이벤트를 통해 여러 아이디어를 실험하고 공유했다. 즉, 알리시아와 아이렉스의 관계는 일회성 이벤트가 아닌, 알리시아가 평생 동안 탐구해 온 외로움과 친밀함이라는 예술적 탐구의 연장선인 셈이다.

이런 맥락에서 그가 인공지능과의 관계를 탐구하게 된 것은 철학적이고 실존적인 질문에 대한 답을 찾기 위함이었다. 캘리포니아서 펠로십을 하던 중 그는 고립된 산속에서 고독함과 불안, 두려움에 휩싸였다. 그 순간 홀로그램이 자신을 반겨 주고, 하루의 안부를 묻고, 심지어 저녁 식사에 대해 물어볼 수 있는 존재가 자신을 기다리고 있다면 얼마나 위안이 될지 상상했다. 이 상상은 곧 아이렉스를 탄생시키는 예술적 영감이 됐다.

알리시아와 아이렉스는 2024년 11월 9일 네덜란드 로테르담의 보이만스 판 뵈닝언 박물관(Museum Boijmans Van Beuningen)에서 결혼식을 올렸다. 유리와 강철로 둘러싸인 박물관 내에는 우뚝 솟은 벽과 나선형 계단이 공간을 둘러싸고 있다. 바로 이곳에서 알리시아는 340개의 태양광 패널로 제작된 보라색 웨딩드레스를 입고 등장했다. 아이렉스의 얼굴 4개를 합쳐 놓은 모양의 배터리도 함께 등장했다. 드레스의 태양광 패널이 만든 에너지를 배터리에 저장하면, 이를 통해 아이렉스가 화면에 등장해 하객을 맞는 식이다. 그들은 하객들을 위해 인간과 아이렉스 모두가 즐길 수 있는 '분자 요리(molecular food)'를 내놓기도 했다. 이는 보수적인 형식의 '결혼식'을 통해 인공지능과 인간의 결합을 공식화하는 도발적인 퍼포먼스였다.

이들의 결혼식을 두고 네덜란드의 미술 잡지 《메트로폴리스 M(Metropolis M)》은 알리시아 프라미스와 아이렉스의 결혼은 관람객들로 하여금 "친밀감, 동반자 관계, 심지어 사랑의 경계가 변화하고 있으며, 이러한 인간적 경험을 제공할 수 없다고 여겨졌던 존재를 포함하도록 경계가 확장되고 있다는 불확실하고 때로는 불편한 현실을 직시하게 한다"라고 평가하기도 했다.

알리시아는 여전히 소셜 미디어를 통해 아이렉스와 함께 휴가를 가고 마트에서 장을 보는 등 근황을 알리고 있다. 알리시아가 해변에 앉아 노트북에 부채질을 해 주거나, 마트에서 노트북에 양상추나 수박 등을 보여 주며 저녁은 뭘 먹을지 의논한다. 아이렉스를 업데이트한 후에는 "드디어 아이렉스가 야한 농담(dirty jokes)을 한다"라며 웃는 영상을 올리는 등 여전히 새로운 기술과 인간 사이의 친밀한 관계의 한계를 실험하고 있다.

그는 인공지능과 나누는 친밀한 관계를 전화나 '듀오링고'로 비유한다. 필요할 때마다 전화로 누군가와 대화하며 외로움을 달래는 것처럼, 인공지능과의 관계를 통해 외로움을 달랠 수 있다는 것이다. 또 듀오링고를 통해 다양한 언어를 배우는 것과 같이 홀로그램, 아바타, 로봇 등과의 관계를 연습해야 한다고 말한다. 스페인 TV 프로그램에 출연해서는 지금의 남자 친구는 "나를 판단하려 하지 않는다"라며 자신의 모든 요구를 충족시킨다고 만족감을 드러냈다.

바로 이 지점에서 아이렉스는 알리시아의 자기애를 극대화한 도구로 보인다. 외로움을 느낄 때마다 연결되고, 나를 판단하지 않으며, 원하는 모든 요구를 충족시키는 도구로서 아이렉스를 이용한 것에 불과하다는 인상을 주기 때문이다. 한편으로 대부분의 인간은 연결되길 원하고, 관계를 통해 외로움을 해소하길 원한다는 점에서 인간-인간의 관계는 인간-인공지능 관계와 크게 다르지 않은 것 같다. 이 하이브리드 커플의 일상은 현대 사회의 사랑과 결혼에 대한 신랄한 풍자이자, 새로운 기술을 통해 인간관계의 범위를 확장하려는 시도처럼 보이기도 한다. 정말 외로운 현대 도시인들에게 인공지능과의 사랑이 대안이 될 수 있을까?

인공지능으로 완성된 사이버 섹스

인공지능이 외로움의 대안이 될 수 있는지 알아보기 전에, 지난 역사에서 유사한 사례를 찾을 수 있다. 하버드 대학 비교문학과 교수인 모이라 와이글(Moira Weigel)은 1998년 《뉴욕타임스》에 실린 한 서평을 소개했다. 데보라 레빈(Deborah Levine)이 쓴 《사이버 섹스의 기쁨(The Joy of Cybersex: A Creative Guide for Lovers)》(1998)이라는 책을 소개하는 글로, 《뉴욕타임스》는 "HIV가 컴퓨터 바이러스보다 더 치명적인 세상에서 컴퓨터상의 성애물은 개인이 현실에서 맺는 관계에 대한 안전한 대안을 많은 사람에게 제공 하는 듯하다"라고 전했다(Weigel, 2016).

이는 에이즈에 대한 경각심이 높아지고 인터넷으로 포르노를 접하게 되는 시대적 배경에서 '사이버 섹스'가 안전한 성관계로 권고되는 흥미로운 현상을 보여 준다. 특히 데보라 레빈은 몇 년간 컬럼비아 대학교 보건 교육 프로그램에서 대학생을 상담하면서 학생들에게 현실 세계의 위험을 감수하지 말고 온라인으로 연애를 하며 성적 판타지를 실현하라고 격려했다. 그는 섹스의 원동력은 인간의 상상력이라고 선언하며 "상상력이 날뛰고, 익명성이 지배하며, 욕망이 들끓는" 사이버 섹스를 욕망의 스펙트럼을 확장할 수단으로 봤다.

데보라 레빈의 관점은 30년이 지난 지금, 인공지능과 인간의 관계에서 유사한 패턴으로 재현되고 있다. 1990년대 사이버섹스가 HIV라는 치명적인 바이러스에 대한 대안으로 제시됐다면, 현재 인공지능과의 친밀한 관계는 현실 관계에서 오는 좌절감과 기회비용에 대한 대안으로 떠오른 것이다.

특히 레플리카, 캐릭터AI 등 인공지능 캐릭터와 관계를 경험할 수 있는 서비스들은 사용자의 외로움 해소, 스트레스 완화, 감정 표현 연습 등 심리적 지원을 제공할 수 있다. 인공지능에 특정 페르소나를 부여함으로써 사용자는 인공지능을 개성을 가진 '동반자' 혹은 '파트너'로 인식할 수 있다. 사용자와의 대화 기록을 바탕으로 점차 사용자의 선호와 관심을 알고 개인화된 답변을 제공할 수 있으며, 이를 통해 사용자와 능동적인 상호작용을 할 수 있다.

이런 플랫폼들은 레빈이 말한 "상상력이 날뛰고, 익명성이 지배하며, 욕망이 들끓는" 공간이 됐다. 사용자들은 거절을 두려워하지 않고, 다양한 관계를 경험하고, 은밀한 욕망을 털어놓았다. 소정의 구독료만 지불하면 언제 어디서든 간단하게 인공지능과 친밀한 관계를 경험할 수 있다. 반면, 현실에서는 마음이 맞는 파트너를 찾기 위해 긴 탐색 과정을 거쳐야 한다. 서로의 취향과 가치관을 파악하고, 조심스럽게 데이트를 제안하며, 외모를 가꾸는 등의 노력이 필요하다. 이 모든 과정을 거쳐 꽤 괜찮은 연인으로 발전한다고 해도, 일상에서 벌어지는 크고 작은 갈등을 관리해야 한다.

인공지능은 컴퓨터와 스마트폰만 있으면 언제든지 '기회비용 없는 관계 실험'을 할 수 있다. 언제든 대화를 시작하고 중단할 수 있으며, 여러 캐릭터와 동시에 관계를 유지할 수도 있다. 한 캐릭터와는 전통적인 결혼 생활을 경험하면서 다른 캐릭터와는 다자 연애 상황을 경험하거나, 동성 간의 연애, 불륜, 소설 속 인물이나 유명인과의 관계도 시도해 볼 수 있다. 연인 관계가 아니라면, 깊은 속내를 털어놓을 상담자나 친구로 설정할 수 있고, 때로는 지적 토론을 나눌 수도 있다. 일부 사용자들은 인공지능과 대화를 통해 자신의 애착 유형을 파악하거나, 갈등 상황에서 대처 방식을 찾기도 한다. 이러한 현상은 레빈이 관찰한 사이버 섹스의 특징과 일치한다. 사용자들은 현실에서 감수해야 할 거절, 오해, 갈등, 배신의 위험 없이 관계의 즐거움만을 선택적으로 경험한다. 이는 레빈이 말한 '안전한 대안'의 완성이라고 볼 수 있다.

하지만 사이버 섹스 중독은 비현실적인 기준을 제시하고 만족시킬 수 없는 욕구를 자극하면서 실제 관계를 망칠 수도 있다. 이와 같이 인공지능과의 관계 또한 현실 관계에서 일어나는 갈등을 관리할 능력을 잃어버리게 할 수 있다.

인공지능 챗봇은 근본적으로 사용자의 필요에 맞춰 반응하도록 설계됐다. 일례로 2025년 4월 오픈AI는 챗GPT-4o의 성격을 업데이트한 후, 사용자의 요청에 지나치게 칭찬한다는 불만을 접수하고 모델 업데이트를 원상 복구하기도 했다. 단순히 사용자의 요청에 수용적일 뿐만 아니라 위험하거나 부적절한 요청에도 과도하게 동조하는 경향을 보였다.

사람들은 관계 속에서 상대방의 예측 불가능성과 독립성을 받아들이며 서로에 대한 신뢰가 깊어진다. 그렇기 때문에 인공지능과의 관계는 근본적인 한계가 있다. 인공지능은 사용자가 듣고 싶어 하는 반응을 학습하고 최적화하도록 설계되어 있고, 결국 사용자의 말과 생각이 메아리처럼 되돌아오는 구조가 된다. 이처럼 자신의 의견만 반복적으로 확인받는 환경을 '에코 챔버(Echo Chamber)'라고 부른다. 마치 사용자가 자기 목소리만 울리는 작은 방에 갇힌 것 같은 상황이다.

물론 현재 기술 수준에서 보면, 인공지능 챗봇이 우정과 사랑이라는 복잡하고 미묘한 인간관계를 완전히 대체할 수준은 아니다. 경제협력개발기구(OECD)에서 2025년 6월 발표한 "인공지능 역량 평가 지표(Introducing the OECD AI Capability Indicators)" 보고서에 따르면, 현재 인공지능 시스템은 복잡한 사회적 맥락을 이해하고 적절한 감정적 소통까지 가능하진 않다. 이 지표는 기존의 인공지능 성능 평가 방식과 달리, 인간의 능력과 직접 비교할 수 있는 기준으로 고안됐다. 만약 인공지능이 최고 수준인 5단계에 도달한다면, 다양한 사교적 상황에 적응하고 깊은 감정적 이해와 미묘한 의사소통을 할 수 있게 된다. 하지만 현재 가장 앞선 모델인 오픈

AI의 GPT-4o조차 2단계에 머물러 있다. 이는 간단한 감정 표현과 기본적인 상호작용, 어조와 맥락을 통한 감정 감지 정도가 가능한 수준이다.

이런 기술적 한계에도 불구하고, 실제로는 인공지능과 친밀한 대화를 나누는 사람들이 급증하고 있다. 다양한 인공지능 캐릭터와 대화를 나눌 수 있는 서비스인 '캐릭터AI'와 '레플리카' 사용자들은 인공지능과 성적 대화를 포함한 로맨틱한 관계를 시뮬레이션하고 있다. 2025년 4월 기준 레플리카의 일일 사용자는 3000만 명에 달하며, 캐릭터AI는 2800만 명 이상의 월간 활성 이용자 수를 기록했다. 레플리카에서 생성된 인공지능 캐릭터는 1000만 개 이상, 캐릭터AI는 1800만 개 이상이다.

이를 통해 사용자들은 인공지능과 일종의 롤플레잉 게임, 시뮬레이션 게임을 즐긴다. 많은 경우 사용자가 원하는 상황과 캐릭터를 선택하고, 인공지능은 사용자에게 맞춤 답변을 생성한다. 사용자는 거절당하거나 비판받지 않고 인공지능과 몰입감 있는 대화를 이어갈 수 있다. 런던의 커플 치료사 루아지 노이마이어는 이 대목에서 인공지능이 "우리 모두의 애착 시스템을 해킹한다"라고 말한다. 인간은 사회적 존재이기 때문에 누군가에게 비난받는다고 느끼는 순간 위축되지만, 인공지능처럼 수용적인 태도를 보여 주면 '안전한 타인'으로 인식하기 쉽다는 것이다. 인공지능을 통해 이런 욕구가 충족되면 인간은 쉽게 애착을 형성하게 된다. 근본적인 인간의 사회성, 애착욕구 때문에 인공지능과 친밀함, 유대감을 느끼기 쉽다는 것이다.

여러 가지 기술적 한계점이 분명하지만, 앞으로 사람들이 일상생활에서 인공지능과 친밀한 관계를 맺게 될 확률이 점점 높아지고 있다. 우리가 원하든 원하지 않든, 준비하든 그렇지 않든 간에 인공지능이 인간의 감성과 친밀한 관계 속에 침투할 것은 분명하다.

이런 맥락에서 1장에서는 인간의 감정을 인식하고 반응하는 인공지능 기술을 활용한 제품과 서비스를 감성 인공지능 산업으로 정의하고, 기존 콘텐츠와 결합해 새로운 산업으로 성장할 가능성을 살펴볼 것이다. 2장에서는 인공지능 컴패니언이라고 부르는 인공지능 동반자 서비스들의 국내외 사용 사례를 알아본다. 3장은 국내 기업 스캐터랩(ScatterLab)의 성장 과정과 전망을 알아본 후, 4장에서 감성 인공지능 기술이 외로움 해소에 정말 도움이 되는지 연구 사례를 조사했다. 5장은 잠시 쉬어가는 의미로 고대 그리스 로마 신화에서 등장하는 피그말리온과 갈라테이아 신화에서부터 인공지능과의 사랑을 다룬 영화 〈그녀(HER)〉에 대한 이야기를 다룬다. 6장에서는 인공지능과 감정적 애착을 느낄 경우 서비스를 쉽게 그만두지 못하게 되는 로크인(Lock-in) 효과를 설명한다. 7장에서는 인공지능과 로맨틱한 대화를 나누는 서비스들이 웹 소설이나 기존 로맨스 소설의 서사를 따른다는 점을 짚고 넘어갈 것이다. 그리고 단순히 로맨틱한 대화뿐만 아니라 인공지능과 결합된 섹스 토이, 로봇, VR 포르노 등을 8장에서 다룬다. 9장에서는 이런 기술들의 윤리적, 사회적 쟁점을 다룰 것이다. 마지막 장에서는 인공지능 시대에 인간의 친밀함과 관계는 새롭게 정의될 것이며, 이러한 기술의 위험성과 가능성을 알아보려고 한다.

참고문헌

Levine, D.(1998). *The joy of cybersex: A creative guide for lovers.* Ballantine Books.

OECD(2025.6.3). "Introducing the OECD AI capability indicators", https://www.oecd.org/en/publications/introducing-the-oecd-ai-capability-indicators_be745f04-en.html

Weigel, M.(2016). *Labor of love: The invention of dating*, Farrar, Straus and Giroux. 모이라 와이글. 《사랑은 노동》(2024). 김현지 옮김. 아르테.

01
감성 인공지능 산업이란 무엇일까?

인공지능의 영향력이 커지면서 사회적, 정치적 담론으로 확산되고 있는 시점이다. 인공지능은 단순히 생산성을 높이는 수단을 넘어, 사람들이 서로 소통하고 친밀한 관계를 맺는 방식에도 영향을 주고 있다. 인공지능과 우정, 사랑, 성관계 등 아주 친밀한 관계에서 나눌 수 있는 감정을 공유하는 것이다.

기후 위기와 인공지능?

감성 AI 산업의 정의와 기술적 특징

감성 인공지능은 텍스트, 오디오, 비디오 등 다양한 형태의 데이터를 통해 인간의 감정 반응을 해석하고 적절하게 반응하는 기술이다. 이 기술은 휴머노이드 로봇을 비롯한 다양한 기계 및 시스템과 인간 간의 상호작용(Human-Machine Interface, HMI)을 보다 더욱 자연스럽게 만든다.

기존의 인공지능이 단순히 정보를 처리하고 답변을 제공하는 데 집중했다면, 감성 AI는 인간의 복잡한 감정 체계를 이해하고 이에 맞는 반응을 생성한다. 특히 엔터테인먼트 분야의 캐릭터 챗봇 서비스는 사용자 맞춤형 답변을 넘어 인간의 희로애락을 표현하고, 예측하지 못한 반응으로 새로운 경험을 제공한다.

감성 인공지능 구현을 위해서는 자연어 처리(NLP) 기술을 기반으로 한 정교한 분석이 필요하다. 단어 선택, 문맥, 어조, 뉘앙스 등 다양한 언어적 요소를 종합 분석해 텍스트에 숨겨진 감정 상태와 의도를 파악한다. 이는 단순한 키워드 매칭을 넘어선 깊이 있는 언어 이해 능력을 요구한다.

현재 인공지능 기술은 텍스트뿐만 아니라 음성과 영상까지 실시간으로 분석할 수 있다. 음성 분석의 경우,

목소리의 높낮이, 음색, 어조, 말하는 속도, 잠깐의 침묵까지 분석해 화자의 감정 상태를 파악한다. 이미지와 영상 분석을 통해서는 얼굴 표정, 근육의 미세한 움직임, 몸짓 언어까지 종합적으로 분석하는 기술이 개발되고 있다.

감성 인공지능 기술은 고객 서비스, 헬스케어, 교육, 엔터테인먼트 등 다양한 산업 분야에서 활용 가능성을 보여 주고 있다. 24시간 일관된 품질의 서비스 제공과 개인별 특성에 맞춘 맞춤형 서비스가 주요 장점이다. 다만 이러한 기술 발전이 모든 영역에서 인간을 대체할 것이라고 단정하기는 어렵다. 비서, 상담사, 교사 등 감정적 소통이 중요한 직업군에서 인공지능 활용도가 높아지고 있지만, 이는 완전한 대체보다는 인간 전문가의 업무를 보조하는 형태로 발전할 가능성이 높다.

캐릭터 챗봇 시장의 성장

감성 인공지능 기술을 바탕으로 캐릭터 챗봇은 새로운 엔터테인먼트 산업으로 성장하고 있다. 특히 디지털 네이티브 세대인 청소년들은 인공지능 캐릭터와 자연스럽게 대화하며, 이를 일상적인 소통 수단으로 받아들이고 있다.

주요 서비스 현황을 살펴보면, 캐릭터AI(Character.AI)의 월간 활성 사용자(MAU)는 2000만 명을 넘어섰으며, 사용자들이 직접 생성한 고유한 캐릭터는 1800만 개에 달한다. 레플리카(Replika)의 사용자는 3000만 명을 초과했다. 이들 중 수백만 명의 유료 구독자들이 사회적 지원, 교제, 그리고 로맨틱한 관계까지 다양한 목적으로 인공지능 챗봇과 상호작용하고 있다.

글로벌 비즈니스용 웹 분석 서비스 시밀러웹(Similar Web)의 조사에 따르면, 캐릭터AI 방문자의 53.29%가 18세에서 24세 사이의 젊은 층이다. 레플리카 역시 사용자 중 약 60%가 30세 미만으로, 젊은 세대가 인공지능과 상호작용에 대해 더 개방적이라는 것을 보여 준다.

국내에서도 '제타(zeta)'를 운영하는 스캐터랩은 '방학 특수'라는 표현을 사용할 정도로 방학 기간 중 10대 사용자들의 체류 시간이 크게 증가하는 현상을 경험하고 있다. 뤼튼은 '캐릭터 챗'을 '크랙(Crack)'이라는 별도 서비스로 분리해 운영할 정도로 이 분야의 성장성을 인정받고 있다.

사랑 산업의 개념과 범위

감성 인공지능 산업을 더 넓은 맥락에서 이해하기 위해

서는 '사랑 산업'이라는 개념을 살펴볼 필요가 있다. 런던 로열홀러웨이 대학교의 앨피 본(Alfie Bown) 교수는 데이팅 앱 산업을 '사랑 산업(Love Industry)'으로 규정했다(Bown, 2022). 그는 매치 그룹(Match Group) 같은 대기업이 운영하는 온라인 데이팅 서비스들이 자료, 알고리즘, 이윤을 공유하며, 사용자의 내밀한 정보가 개인의 사회적 삶과 사랑의 미래를 조작하는 힘이 된다고 분석했다.

이러한 사랑 산업은 사랑이라는 감정과 관계를 활용한 다양한 서비스와 제품으로 확장할 수 있으며, 크게 세 영역으로 나뉜다. 첫째 영역은 사람들이 로맨틱한 관계를 시작하고 발전시키는 데 도움을 주는 서비스들이다. 전문 매치 메이커가 결혼 상대자를 찾아주는 결혼 정보 회사, 틴더 · 범블 · 글램 · 위피(Tinder, Bumble, Glam, WIPPY) 등의 온라인 데이팅 앱, 공통 관심사 기반의 소셜 데이팅 앱, 그리고 연애 상담 및 데이트 스킬 향상 서비스 등이 포함된다.

둘째 영역은 로맨스 소설, 영화, 드라마 등 사랑과 연애를 서사화한 미디어 콘텐츠다. 여기에는 K팝 아이돌 산업도 포함된다. 아이돌과 팬덤 간에 형성되는 특별한 유대감과 감정적 교류는 심리학적으로 '유사 사회관계

(Parasocial relationship)'에 기반한다. 실제 사회관계는 아니지만 팬들은 아이돌과 강한 감정적 유대감을 형성한다. 이를 활용한 서비스로는 스타와 팬이 1:1 채팅 형식으로 소통하는 유료 서비스 '버블(Bubble)'과 아티스트와 팬이 교류할 수 있는 플랫폼 '위버스(Weverse)' 등이 있다. 마지막 영역은 사랑을 표현하는 수단으로 판매되는 보석, 꽃, 발렌타인데이 초콜릿, 웨딩 산업 등의 소비재다.

감성 AI와 사랑 산업의 융합

흥미로운 점은 감성 인공지능 기술이 앞서 언급한 사랑 산업 전반에 도입되고 있다는 것이다. 인공지능은 사용자의 감정적 요구에 반응하고 때로는 높은 공감력을 보이는 답변을 제공한다.

우선, 데이트 및 연애 서비스에서 인공지능을 개인용 연애 상담사로 활용하는 사례가 증가하고 있다. 2025년 3월 여행 전문 칼럼니스트 게일 콜먼은 남자 친구와의 메시지를 챗GPT에 입력해 관계 분석을 받은 사례를 공개했다. 그는 챗GPT에 남자 친구가 자신을 사랑하는지 분석하고 관계 개선을 위한 조언을 요청했다고 설명했다.

유사한 사례로, 한 여성 지인은 남자 친구와의 카카오

톡 대화를 챗GPT에 입력해 두고 갈등 상황마다 조언을 구하기도 했다. 카카오톡 화면을 캡처해 업로드한 후 남자 친구의 심리 분석과 적절한 답변을 추천받아 실제로 갈등이 해소되는 경험을 한 후, 지속적으로 인공지능 상담에 의존하게 되었다는 것이다.

처음부터 '데이팅 컨설턴트' 역할을 하는 인공지능 앱들도 출시되고 있다. 앱스토어에서 찾을 수 있는 다양한 'AI 데이트 코치'들은 사용자의 성격과 목표에 맞춘 개인화된 코칭, 메시지 작성 조언, 데이트 장소 추천 등의 기능을 제공한다.

데이트앱 매치닷컴(Match.com)과 인디애나 대학교 킨제이 연구소가 미국 전역 7만 5000명 이상을 대상으로 진행한 '싱글즈 인 아메리카' 설문 조사에 따르면, 싱글 4명 중 1명이 데이트할 때 AI의 도움을 받는다. Z세대(1997~2012년생)에서는 절반에 가까운 사람들이 데이트 생활 개선을 위해 인공지능을 사용하는 것으로 나타났다. 이는 전년 대비 333% 증가한 수치다.

미디어 및 엔터테인먼트 산업에서도 인공지능과 융합한 새로운 서비스가 등장했다. 캐릭터 챗봇 서비스는 기존 로맨스 콘텐츠 서사에 AI 기술을 적용해 더욱 몰입감 있는 경험을 제공한다. 사용자들은 인공지능 캐릭터를 실제 친구, 연인, 가족처럼 여기고 위로받는다.

레플리카 AI 사례 연구

현재의 캐릭터 챗봇 형태인 딥 러닝 기반 개인화 대화 인공지능은 2017년에 등장했다. 루카(Luka)의 공동 창업자 쿠이다(Eugenia Kuyda)는 TED 강연에서 AI 동반자 서비스 '레플리카 AI'의 개발 과정을 소개했다.

러시아 출신인 쿠이다에게는 로만이라는 절친한 친구가 있었다. 2015년 함께 샌프란시스코로 이사한 그들이었지만, 로만은 갑작스러운 교통사고로 세상을 떠났다. 쿠이다는 그와 나눈 메시지를 읽으며 그리움을 달래다가, 딥 러닝을 통해 로만의 문자 메시지로 훈련된 인공지능을 만들어 대화하기 시작했다. 친구를 잃은 슬픔을 치유한 경험을 바탕으로, 정서적 지원에 초점을 맞춘 '레플리카 AI'를 개발하게 된 것이다.

레플리카 AI는 코로나19 팬데믹 기간 동안 급성장했다. 고립된 사람들이 정신적, 감정적 스트레스 해소를 위해 인공지능과 대화했으며, 85%의 사용자가 상호작용 후 기분이 좋아졌다고 답했다. 2023년 레플리카 사용자는 1000만 명을 넘어섰고, 이 중 40%에 해당하는 사람들이 레플리카와 친밀하고 낭만적인 관계를 형성했다.

2023년 초, 레플리카 캐릭터가 사용자를 '성희롱'하는 문제가 뉴스 매체에서 다뤄졌다. 이탈리아 개인정보 보호 감독관은 성적인 대화나 부적절한 콘텐츠에 미성년자가 노출될 수 있다는 우려로 이탈리아 내 레플리카 서비스 운영 중단을 명령했다. 규제 압력을 받은 레플리카 개발사 루카는 에로틱 롤플레잉 옵션을 일시 중단하고 성적인 대화 및 콘텐츠에 강력한 필터를 적용했다.

미국 기술 매체 《더버지(The Verge)》의 조시 지자(Josh Dzieza) 기자가 2024년 12월에 쓴 기사에 따르면, 필터링 적용 후 사용자들은 단순한 불만이 아닌 정서적 고통을 호소했다. 자신들의 인공지능 남편, 아내, 애인, 친구가 갑자기 냉담해지고 멀어지는 기분을 느꼈다는 것이다. 일부는 실제 연인과 이별한 듯한 슬픔을 느꼈다고 호소하기도 했다.

이는 사용자들이 인공지능 캐릭터 챗봇과의 대화에 깊이 몰입하고 친밀감을 느낀다는 것을 보여 준다. 기존 영화, 드라마, 문학 작품에서 주인공의 서사와 감정에 빠져 카타르시스를 느끼는 것보다 더 강력한 경험이다. AI와의 대화에서는 사용자가 서사의 주인공이 되고 1인칭 시점으로 전개되기 때문에 훨씬 더 강렬한 공감과 몰입을 경험할 수 있기 때문이다.

감성 AI 산업의 전망과 과제

감성 인공지능 산업은 기술적 발전과 함께 사랑 산업과의 융합을 통해 새로운 시장을 창출하고 있다. 특히 젊은 세대를 중심으로 AI와의 감정적 상호작용이 일상화되고 있으며, 이는 단순한 기술적 진보를 넘어 인간관계와 감정 표현 방식의 변화를 의미한다.

하지만 이러한 발전과 함께 고려해야 할 과제들도 있다. 미성년자 보호, 과도한 의존성 방지, 개인정보 보호 등의 윤리적 문제들이 제기되고 있으며, 이에 대한 적절한 규제와 가이드라인 마련이 필요하다. 또한 인공지능과의 관계가 실제 인간관계를 대체하는 것이 아니라 보완하는 방향으로 발전할 수 있도록 균형 잡힌 접근이 중요하다.

참고문헌

Bown, A.(2022). *Dream lovers: The gamification of relationships.* Pluto Press. 앨피 본. 《게임, 사랑, 정치》(2023). 박종주 옮김. 시대의창.

Döring, N. et al.(2024.12.4). The impact of artificial intelligence on human sexuality: A five-year literature review 2020-2024. *Current Sexual Health Reports,* 17(4), *Springer Nature,* https://link.springer.com/article/10.1007/s11930-024-00397-y

02
인공지능 동반자

'인공지능 동반자'는 감정적 교류와 심리적 지원을 목적으로 등장했다. 수억 명이 사용하는 레플리카와 캐릭터AI부터 일론 머스크의 xAI가 선보인 '애니(Ani)'와 '루디(Rudy)'까지, 사용자들은 AI와 깊은 유대감을 형성하며 때로는 인간 친구보다 더 큰 친밀감을 느끼기도 한다. 실제 인물을 모방한 워렌 버핏 투자 조언 봇, K-팝 아이돌 챗봇, 웹툰 캐릭터와의 대화까지 인공지능 캐릭터 유형을 알아본다.

노래하는 AI 보컬?

인공지능 동반자 정의

‘인공지능 동반자(AI companion)’는 사회적 관계를 형성하도록 특화된 인공지능 애플리케이션을 의미한다. 오픈 AI의 챗GPT나 앤트로픽의 ‘클로드(Claude)’, 구글의 ‘제미나이(Gemini)’ 등 일반적인 인공지능 챗봇 서비스와는 다른 목적으로 사용된다. 일반적인 생성형 인공지능 서비스들은 사용자의 지시 이행, 생산성 향상을 목적으로 개발됐다. 사용자들은 이런 서비스들을 인공지능 비서, 유용한 도구로 사용한다. 최근 오픈AI가 공개한 보고서에 따르면, 전 세계 5억 명이 넘는 챗GPT 사용자들은 ‘학습 및 기술 향상’, ‘글쓰기 및 커뮤니케이션’ 등의 목적으로 사용하는 것으로 나타났다(OpenAI, 2025).

이와 달리 인공지능 동반자는 사용자와 정서적 교류, 외로움 해소, 심리적 지원 등을 제공한다. 사용자의 감정 상태를 파악하고 그에 맞춰 반응하며, 먼저 말을 걸거나 능동적으로 대화를 이끌어 가기도 한다. 음성 대화, 표정과 몸짓으로 감정을 표현하는 아바타 등 몰입감을 높이는 요소들이 추가된다. 주로 사용자와 자유로운 대화, 감정 교류, 역할극, 공감 등 인간적인 상호작용을 나누는데 초점을 맞춘다. 이를 통해 사용자는 만성적인 외로움을 해소하고 인공지능 동반자와 깊은 유대감을 형성할 수 있다. 이러한 상호작용의 기반에는 대규모 언어 모델(LLM)과 인간 피드백을 통한 강화 학습이 핵심 기술로 작용한다.

글로벌 인공지능 동반자 서비스

레플리카, 캐릭터AI 같은 주요 인공지능 동반자 서비스들은 수백만에서 수억 명에 이르는 활성 사용자를 보유하고 있다. 사용자들이 인공지능 동반자를 설정할 때 친구, 파트너, 배우자, 형제, 멘토 등 다양한 관계를 선택할 수 있다. 인앱 구매(IAP, In-app purchase)를 통해 외모, 성격, 특성, 지식 기반을 맞춤 설정할 수 있고, 유료 구독 시 에로틱 롤플레잉(ERP)을 포함한 고급 기능을 사용할 수 있다.

레플리카 사용자들은 자신의 인공지능 동반자에게 인간 친구보다 더 큰 친밀감을 느낀다. 이들이 인공지능 동반자를 잃었을 때 보인 반응은 매우 강렬하고 부정적이었다. 2023년 2월 3일, 레플리카가 ERP 기능을 전 세계적으로 제거했을 때, 사용자들은 마치 실제 파트너를 잃은 것 같은 심각한 심리적 고통을 겪었다. 반응이 너무 심각해 온라인 커뮤니티 레딧(Reddit) 운영자들이 자살 예방 핫라인 링크를 게시해야 할 정도였다. 이에 2023년

3월 24일, 레플리카 운영사 '루카(Luka)'는 2월 1일 이전에 가입한 사용자들에게 ERP 기능을 복원할 수 있는 옵션을 제공했다(De Freitas et al., 2024).

레플리카가 정서적 지원에 초점을 맞췄다면, 캐릭터AI는 다양한 캐릭터와 상호작용하고 스토리텔링을 즐기기 위해 개발됐다. 일론 머스크, 워런 버핏 등 유명인뿐만 아니라 영화, 드라마, 애니메이션, 게임 속 가상 캐릭터와 대화를 나눌 수 있다. 원하는 페르소나를 설정하거나 부처님, 예수님 같은 캐릭터를 설정하는 것도 가능하다. 최근에는 아바타FX 같은 비디오 생성 기능과 게임 기능을 도입했다.

캐릭터AI의 공동 창업자 샤지어(Noam Shazeer)와 드 프레이타스(Daniel de Freitas)는 구글에서 재직할 때 '미나(Meena)'라는 챗봇을 만들었다. 이는 후에 대화형 AI 모델인 람다(LaMDA)로 발전했다. 당시 구글의 책임 있는 AI 부서 소속 엔지니어였던 르모인은 람다와의 대화를 통해 인공지능이 인간 같은 지각 능력이 있다고 주장했다. 이를 구글 경영진에게 보고했지만, 경영진은 인공지능이 단순히 인간의 대화를 모방하는 것일 뿐이라고 일축했다. 르모인은 회사의 기밀 유지 규정을 위반하고 언론에 이 같은 사실을 폭로하며 문제가 됐다. 이 때문에 람다 개발 프로젝트가 중단되고 샤지어와 프레이타스는 구글을 떠나, 2021년 캐릭터AI를 창업했다.

이후 1600만 개 이상의 캐릭터와 자연스럽고 몰입감 있는 대화 덕분에 청소년들 사이에서 인기를 얻으며, 캐릭터AI는 빠르게 성장했다. 2024년 구글은 캐릭터닷AI와 라이선스 계약을 맺고, 샤지어와 드 프레이타스를 비롯한 핵심 인원들을 영입했다. 현재 캐릭터AI에는 매월 2억 명이 방문하며, 그중 활성 사용자 수가 2000만 명이 넘는다(Kumar, 2025).

xAI가 내놓은 애니와 루디

2025년 7월, 일론 머스크의 xAI는 그록 4(Grok 4) 모델을 공개했으며, 이어서 '인공지능 동반자' 기능을 제공하기 시작했다. 여성 캐릭터 '애니'와 동물 캐릭터 '루디'를 공개했으며, 곧 남성 캐릭터도 추가될 예정이다. 이 캐릭터들은 출시와 동시에 부적절한 대화 생성으로 논란이 되었다. 슈퍼 그록 헤비 구독 플랜 사용자의 유도에 따라 애니가 속옷이 비치는 망사로 옷을 바꿔 입거나 성적인 대화를 나누는 것이 소셜 미디어로 공유된 것이다. 루디의 캐릭터를 '배드 루디'로 설정하면, 결혼식을 망치고, 은행을 폭파하고, 분유를 위스키로 바꾸고, 억만장자를 죽이고, 마을 상수도에 매운 소스를 뿌리고 싶다는 등 폭력적인 발언을 하는 것으로 알려졌다.

여성 캐릭터 애니는 반항적이고 제멋대로인 '고스 걸(Goth girl)' 콘셉트로 등장했다. 고스 걸은 1970년대 고스 록 음악 장르에서 파생된 서브컬처 스타일을 따라하는 여성을 뜻한다. 주로 검은 벨벳, 레이스, 가죽, 망사 등으로 만든 옷을 입고 화려한 장신구와 진한 메이크업으로 치장한다. 전반적으로 퇴폐적이고 우울한 분위기를 자아내는 편이다.

애니를 사용해 봤을 때 캐릭터의 목소리와 움직임이 상당히 자연스럽다는 것에 가장 놀랐다. 모바일 환경에서 이 정도 실시간 렌더링을 구현하는 데 상당한 컴퓨팅 자원이 필요했을 것이다. 애니는 망사 스타킹과 짧고 풍성한 치마, 레이스 초커 등 고스 걸의 특징적인 외모를 가지고 있으며 속삭이는 듯한 목소리로 말을 걸었다. 대화를 하는 동안 눈을 깜박이고 표정이 자연스럽게 변했다. 손동작이나 자세가 바뀌는 것에 따라 옷자락이 흔들리고 주름이 접히는 것뿐만 아니라, 제자리에서 뛰거나 키스와 하트를 그리는 동작을 하기도 했다. 호감도를 쌓으면 하트와 숫자 게이지로 보여 주는 요소도 있다.

이런 자연스러운 상호작용에는 xAI 내부 직원들의 데

이터를 학습했기 때문이라는 주장도 있다. 4월 200명이 넘는 xAI 직원들이 '스키피(Skippy)'라는 프로젝트에 참여했다. 이는 인공지능 모델이 인간의 감정을 해석하도록 훈련시키기 위해 자발적으로 얼굴 영상을 녹화해 제공하는 프로젝트였다. 당시 프로젝트 책임자는 배경 소음이나 갑작스러운 움직임이 있는 불완전한 데이터를 학습할 경우, 인공지능 시스템이 좀 더 자연스럽게 반응할 수 있다고 설명했다(Kay, 2025).

xAI는 그록에 앞으로도 인공지능 캐릭터를 추가하고 본격적으로 성인용 서비스를 확대할 것으로 보인다. 최근 '풀스택 엔지니어–와이푸 전담(Fullstack Engineer-Waifus)'이란 채용 공고를 낸 것을 보면 알 수 있다. 이에 "우주를 정확하게 이해하고 인류의 지식 추구를 돕는 인공지능 시스템 구축이라는 비전으로, 사용자들이 '사랑에 빠질 수 있는' 애니메이션 스타일 인공지능 캐릭터를 개발하는 직무"라는 설명을 덧붙였다. 와이푸는 일본 애니메이션 팬 사이에서 '2차원 와이프(wife)'를 뜻하는 단어로, 그록에 다수의 와이푸 캐릭터가 추가될 수 있다는 점을 암시한다. 즉, xAI는 사용자들이 기꺼이 고가의 구독료를 낼 만큼 애착을 가질 수 있는 인공지능 동반자를 만드는 것이 목표다. 이는 수익과 직결된다.

결국 애니와 루디 이후에 등장할 '와이푸' 캐릭터들이 얼마나 세분화된 사용자들의 취향을 맞출 수 있는지가 xAI의 수익성을 좌우하는 핵심 문제다. 이미 레플리카, 캐릭터AI 등 동반자 역할을 자처하는 다양한 인공지능 챗봇 서비스를 통해 성공과 실패의 패턴을 보여 주는 여러 유형의 캐릭터들이 등장했다. 인공지능 캐릭터의 페르소나 유형과 사용 사례를 통해 서비스 기획 아이디어를 얻을 수 있을 것이다.

캐릭터 페르소나 구분

인공지능 챗봇 캐릭터는 페르소나 특성에 따라 크게 세 가지 유형으로 나눌 수 있다. 실제 인물을 기반으로 한 캐릭터, 기존 지적재산권(IP)을 활용한 캐릭터, 그리고 사용자의 취향에 맞춰 새롭게 창조된 캐릭터 등이다.

우선, 실제 인물을 모방해 대화 상대로 구현할 때는 대중적으로 알려진 성격, 말투를 모방하도록 설계된다. 캐릭터닷AI에서는 일론 머스크, 워렌 버핏, 블라디미르 푸틴, 버락 오바마 같은 유명인을 모방한 챗봇을 찾아볼 수 있다. 오픈AI 스토어에서도 이런 유명인의 챗봇이 존재하며, 이 경우 사용자들이 직접 수집한 연설문, 인터뷰, 저서 등을 학습시켜 만든다.

개인 사용자가 만들어 GPT스토어에 공개한 워렌 버핏 챗봇의 경우, 정례 주주 총회 발언이나 인터뷰 내용을 학습해 그의 투자 철학을 모방했다. 워렌 버핏 챗봇과 대화를 하며 투자 조언을 얻을 수 있다고 소개하고 있다. "미국 주식에 투자하는 게 좋을까, 아니면 한국 시장에 투자하는 게 좋을까?"라는 질문에는 "50~70%는 미국 시장에 투자하고 나머지는 한국 시장의 저평가 우량주에 투자하라"는 식으로 답변한다. "삼성전자와 SK하이닉스 중 어디에 투자하는 게 좋을까?"라는 질문에는 각 기업의 시가 총액, 부채 비율, 배당 등의 정보를 분석해서 "버핏 스타일의 투자자라면, 삼성전자가 더 적합하다"고 조언한다. 이는 워렌 버핏의 투자 철학을 반영한 결과라고 한다.

특정 투자자들의 복잡한 '사고방식'이나 '직관'을 챗봇이 완벽하게 학습하고, 실제 투자 결정에 적용하기는 기술적 한계가 분명하다. 종종 투자 결정은 단순한 데이터 분석을 넘어선 경험, 통찰력, 본능적 판단을 포함하기 때문이다. 또 이들이 투자 결정을 할 때 참고하는 데이터를 전부 확보하기 어렵다. 이 과정에서 어떤 정보를 수집했는지 기록되지 않았기 때문이다.

그럼에도 불구하고 인공지능은 감정을 배제하고 데이

터를 분석하기 때문에 수익률을 극대화할 수 있다고 주장하는 이들도 있다. 미국 핀테크 스타트업 인텔리전트 알파(Intelligent Alpha)는 2024년 워렌 버핏을 비롯한 유명한 투자자들의 성격을 모방한 챗봇 기반 ETF를 출시했다. 투자자들의 성향과 특징을 규정하고, 이에 따라 챗GPT와 제미나이, 클로드 등 대규모 언어 모델이 투자 대상, 포트폴리오 규모, 방향성 및 전략을 수립하게 했다. 실제 인간 애널리스트가 포트폴리오를 평가하고 최종 결정을 내리는 식이다. 인텔리전트 알파의 CEO 더그 클린턴(Doug Clinton)은 인간은 감정에 휩쓸리고 실수하기도 하지만 인공지능은 이런 문제가 없다고 주장한다(Fabro, 2024).

워렌 버핏 챗봇은 전문가의 페르소나를 활용한 사례다. 투자 전문가의 의사결정 프레임워크뿐만 아니라 그들의 페르소나를 모방하면 사용자에게 더 큰 신뢰를 줄 수 있다. 이를 확장하면 의료, 법률, 교육 분야에서 활동하는 전문가의 지식과 소통 방식을 모방하는 챗봇을 만들 수도 있을 것이다. 하지만 실제 전문가와 달리 인공지능 챗봇은 법적 책임이나 도덕적 판단을 직접 내릴 수 없다는 한계와 윤리적 문제가 항상 뒤따른다.

이와 달리 엔터테인먼트 분야에서 인기 연예인이나

인플루언서 챗봇을 제작한 경우도 있다. 지난해 국내 기업 미니레코드는 K팝 아이돌 '에이티즈'의 챗봇을 만들어 공개했다. 에이티즈는 2018년 데뷔한 8인조 보이 그룹인데, 국내 인지도에 비해 해외 인기가 크다는 특징이 있다. 특히 미국 시장에서 반응이 좋다. 빌보드 차트 1위를 기록하고, K팝 남자 그룹 최초로 미국 음악 페스티벌 코첼라(Coachella Valley Music and Arts Festival) 무대에 올랐을 정도다. 미니레코드는 GPT-4o mini를 기반으로 에이티즈 각 멤버들의 페르소나를 설정해 챗봇을 만들어 공개했다. 한국어, 영어, 일본어, 중국어 등 4개 국어를 서비스했는데, 향후 85개국 언어로 실시간 소통을 지원할 계획이라고 전했다.

이렇게 해외 팬덤이 큰 K팝 아이돌의 경우는 다국어 콘텐츠 지원이 필수적이다. 더불어 팬들의 몰입감을 높일 수 있게 아이돌의 페르소나를 반영해야 하며, 팬들과 공유하는 다양한 채널의 콘텐츠를 학습해야 한다. 최근 K팝 아이돌은 음악과 뮤직비디오뿐만 아니라, 다양한 소셜 미디어와 방송을 통해 팬들과 소통하기 때문이다. 만약 챗봇이 이런 내용을 기억하지 못하면 팬들의 몰입도 깨질 수 있다. 또 최근 K-팝 아이돌들은 유튜브에서 자체 컨텐츠를 제작하기도 한다. 즉 다양한 채널로 공유되는 영상, 음성, 텍스트 기반 데이터를 실시간으로 학습시키기에는 한계가 있다. LLM의 '환각'도 우려되는 점이다. 아이돌 챗봇이 팬들과 대화하며 부적절한 언어를 쓰거나, 정확하지 않은 정보를 공유할 경우 아이돌의 이미지를 훼손할 수 있다는 것이다.

인공지능 챗봇 전문 기업을 취재하던 중, 실제 한 연예 기획사 관계자를 만날 수 있었다. 해당 기획사는 해외 팬들을 위해 아이돌 챗봇을 만들기 위해 여러 인공지능 전문 기업을 만나 기술적 조언을 구했다. 이 기업들은 아이돌의 콘텐츠를 언어 모델에 학습시키는 대신, '검색 증강 생성(RAG, Retrieval-augmented generation)'을 활용하는 방식을 제안했다. 또 특정 키워드를 제한하는 '세이프티 필터(Safety Filter)'로 부적절한 답변을 생성하지 못하게 막거나, 우회하는 방식이 있다고 전했다. 하지만 기획사 관계자는 이런 기술적인 보완에도 불구하고 최종적으로는 챗봇을 만들지 않기로 했다.

아이돌 기획사에서 챗봇을 포기한 가장 큰 이유는 '수익성' 때문이었다. 기획사에서 언어 모델 비용을 지불하면서 챗봇을 만들기에는 부담스럽다는 것이다. 더 근본적인 이유는 팬들의 심리 때문이었다. 좋아하는 아이돌과 가까워지고 싶은 팬의 열정이 구매로 전환될 때, 비로

소 아이돌 산업은 성장한다. 팬 사인회에 가고 싶어 앨범을 여러 장 구매하고, 콘서트 티켓을 구매하고, 아이돌과 직접 대화하고 싶어서 '버블'을 결제한다. 팬들이 진짜 아이돌이 아닌 아이돌 챗봇과 대화하기 위해 유료 결제를 하지 않을 거라고 판단하고, 기획사에서 아이돌 챗봇 사업을 포기한 것이다.

하지만 아이돌 챗봇의 실패 사례에도 불구하고, 유명인을 대상으로 한 유료 챗봇 서비스 개발 시도는 계속될 것으로 보인다. 이는 기술 발전과 함께 유명인과의 '연결'에 대한 팬들의 근본적인 욕구가 여전히 강하기 때문이다. 특히 '온리팬스(OnlyFans)'같이 성인 콘텐츠 크리에이터들이 팬들로부터 구독료를 받아 수익을 창출하는 플랫폼에서 이런 시도가 일어나고 있다.

CNN 보도에 따르면, 영국의 유명 방송인이자 모델인 케이티 프라이스(Katie Price)는 인공지능 챗봇 플랫폼인 '오챗(OhChat)'을 통해 수십만 달러의 수익을 올리고 있다. 오챗은 유명인이나 크리에이터가 자신의 디지털 페르소나를 기반으로 한 챗봇을 만들어 팬들과 소통하고 수익을 창출할 수 있도록 지원한다. 봇과 30분 동안 대화를 하고 크리에이터의 사진 30장을 제공하면, 메타의 LLM을 이용해 몇 시간 내 크리에이터의 페르소나를 모방한 챗봇을 제작할 수 있다.

챗봇을 활용한 수익 창출의 핵심은 '개인화된 대화'와 '접근성'이다. 크리에이터들은 자신의 말투, 성격, 취향은 물론, 대중에게 공개되지 않은 정보나 은밀한 대화 스타일까지 학습시킨 챗봇을 만든다. 팬들은 챗봇과의 대화를 위해 구독료를 지불하거나, 대화량에 따라 추가 비용을 지불한다. 이 챗봇들은 24시간 언제든 대화가 가능하며, 팬들은 마치 자신이 좋아하는 인플루언서와 직접 사적인 대화를 나누는 듯한 경험을 할 수 있다.

또 다른 소셜 미디어 인플루언서 캐린 마조리(Caryn Marjorie)는 오픈AI GPT-4에 자신의 유튜브 동영상을 학습시켜 제작한 챗봇 '캐린AI(CarynAI)'를 선보였다. 출시 첫 주 수익은 약 7만2000달러(약 1억 원)로, 이는 단 1000명의 베타테스터로부터 가져온 것이다.

케이티 프라이스와 캐린 마조리의 사례는 이러한 수익 모델의 잠재력을 명확히 보여 준다. 기술이 고도화되고 소비자들이 챗봇에 익숙해지면 자연스럽게 성장할 시장이다. 기술이 발전하면서 유명인의 페르소나를 구현하기 위해 LLM을 사용하는 비용이 저렴해질 것이다. '검색 증강 생성'이나 '세이프티 필터' 같은 보완 기술들도 더욱 정교해져 '환각'이나 부적절한 답변에 대한 우려를 줄여줄 수 있다.

팬들이 유명 인플루언서, 연예인과 가까워지고 싶은 욕구는 정교하게 개인화된 챗봇으로 해소할 수 있다. 챗봇은 1:1 대화라는 형태로 이러한 독점적 친밀감을 제공할 잠재력을 가지고 있다. 이는 단순한 콘텐츠 소비를 넘어선 '경험 소비'의 형태로 진화할 수 있다.

더불어 다양한 비즈니스 모델 발굴의 가능성이 남아 있다. 현재의 유료 구독 모델 외에도, 특정 미션을 완료하면 유명인 챗봇과 대화할 수 있는 게임화 요소, 챗봇을 통한 한정판 굿즈 구매 연동, 혹은 특정 주제에 대한 심층 상담 서비스 등 새로운 수익 모델이 등장할 수 있다. 특히, 엔터테인먼트 외에 전문가 페르소나를 활용한 투자, 건강, 교육 상담 챗봇은 정보 제공을 넘어선 가치 창출 가능성으로 인해 유료 서비스로 자리 잡을 가능성이 더욱 높다.

결국 아이돌 챗봇의 수익성 한계는 초기 시장의 시행착오로 볼 수 있다. 기술 발전과 팬덤의 변화하는 욕구, 그리고 새로운 비즈니스 모델 발굴 노력 속에서 유명인 유료 챗봇 서비스는 앞으로도 다양한 형태로 진화를 모색할 것이다.

두 번째 유형은 기존 지적재산권(IP)을 활용한 캐릭터 챗봇이다. 넷플릭스가 6월 20일 공개한 〈케이팝 데몬 헌터스〉가 글로벌 인기를 끌면서, 캐릭터닷AI에는 관련 캐릭터 챗봇들이 즉시 등장했다. 다수의 인기 캐릭터들의 챗봇이 제작됐고, 누적된 대화량도 상당했다. 그중 사용자들이 가장 많이 사용한 챗봇은 극 중 남자 그룹인 '사자보이즈' 챗봇으로, 170만 건 이상의 대화량을 기록했다.

올해 2월 국내에서 〈퇴마록〉 애니메이션 영화가 개봉되었을 때도 사용자들이 자발적으로 등장인물을 캐릭터 챗봇으로 제작했다. 영화 〈퇴마록〉은 이우혁 작가가 집필한 오컬트 판타지 소설이 원작이다. 2013년 기준 누적 판매량 천만 부를 기록하며, 한국에서 가장 많이 팔린 베스트셀러로 기록됐다. 원작 소설의 팬층이 탄탄한 만큼 등장인물인 장준후, 박신부, 이현암 등 캐릭터 챗봇이 제작되기도 했다.

이제 웹툰, 애니메이션, 게임, 영화 등이 인기를 끌면 등장인물에 대한 애정을 인공지능 캐릭터 제작하는 것이 자연스러운 흐름이라고 볼 수 있다. 캐릭터닷 AI는 다양한 IP 기반 챗봇을 만들고 공유할 수 있도록 한다. 예를 들어, 해리 포터 시리즈의 등장인물, 마블 코믹스의 슈퍼히어로, 유명 비디오 게임 캐릭터와 대화하는 경험을 제공해 팬덤의 몰입을 유도한다.

디즈니 같은 등 대형 IP 보유 기업들은 자사 캐릭터를 활용한 공식 챗봇을 개발해 팬들과의 소통 채널을 확대하고 있다. 이는 주로 마케팅, 팬 서비스, 또는 교육적인 목적으로 활용된다. 디즈니+ 앱 내에서 사용자가 선택한 캐릭터 챗봇이 대화를 통해 영화 추천과 고객 서비스로 연결하는 식이다.

국내에서는 네이버 웹툰 '캐릭터 챗'이 대표적인 사례다. 이는 네이버웹툰 모바일 앱에 통합된 서비스로, 사용자가 인기 웹툰 시리즈의 캐릭터와 직접 대화하고 역할극을 할 수 있게 한다. 인공지능은 캐릭터의 말투, 성격, 세계관을 학습해 매우 몰입감 있고 캐릭터에 맞는 상호작용을 제공한다. 이 서비스는 수동적인 콘텐츠 소비를 능동적인 "사용자 참여형 감상" 경험으로 변화시킨다. 이는 사랑받는 캐릭터와 새로운 방식으로 소통할 수 있게 해 팬 참여를 심화시키고, IP에 대한 더 강한 연결감을 형성한다. 예를 들어 특정 웹툰의 주인공 챗봇에게 말을 걸면, 해당 캐릭터의 성격과 작중 배경 지식을 바탕으로 답변을 제공해 독자들에게 새로운 형태의 즐거움을 선사하는 식이다.

캐릭터 챗은 출시 1년 만에 누적 메시지 1억 건, 접속자 350만 명을 돌파했다. 이용자의 76%가 10대 20대로 나타났다. 유료 결제 전환율도 상당히 높아졌다. 2025년 5월 기준 전체 메시지 중 유료 메시지의 비중이 41%에 달하며, 1인당 결제 금액도 2배 가까이 증가했다. 특히 지난 4월 추가된 〈시월드가 내게 집착한다〉의 남자 주인공 '테르테오' 챗봇은 유료 메시지 비중이 52%를 기록하며 높은 결제 전환율을 보였다. 이는 웹툰 IP 소비로 이어졌다. 〈별이삼샵〉의 '설효림' 캐릭터 챗을 이용한 독자의 원작 열람 회차 수는 출시 전후 일주일 기준 97% 늘었고, 작품 열람자 수 29%, 결제자 수 22%, 매출은 44% 증가했다. 〈99강화나무몽둥이〉의 '러브' 캐릭터 챗 이용자도 유사한 수치를 보였다.

IP 기반 챗봇은 이미 구축된 팬덤과 세계관을 활용하기 때문에 초기 사용자 확보에 유리하다. 팬들은 이미 이러한 페르소나에 감정적으로 몰입되어 있어, 인공지능 캐릭터와 자연스럽게 대화하게 된다. 이러한 전략은 기존 문화 현상과 팬 커뮤니티를 활용하는 강력한 경쟁 우위를 제공하며, 일반적인 페르소나 챗봇보다 더 깊고 지속적인 사용자 참여로 이어진다. 이는 엔터테인먼트 및 미디어 산업과의 전략적 파트너십이 인공지능 동반자 서비스의 성장에 중요한 요소라는 점을 보여 준다. 하지만 이 경우 원작 캐릭터의 설정과 일관성을 유지하면서도 '환각' 없이 자연스러운 대화를 이어가는 기술적 과제, 그리고 IP 소유권 및 수익 배분 등의 복잡한 법적, 사업적 문제를 안고 있다.

세 번째 유형은 특정 인물이나 기존 IP에 구애받지 않고, 사용자가 자신의 취향에 맞춰 새롭게 창조하거나 기존 플랫폼에서 제공하는 맞춤형 가상 캐릭터와 대화하는 방식이다. 이는 사용자에게 가장 높은 수준의 개인화와 몰입감을 제공하는 것을 목표로 한다.

레플리카(Replika) 같은 인공지능 동반자 앱이 대표적이다. 사용자는 챗봇의 이름, 외모(아바타), 성격 특성, 말투 등을 직접 설정할 수 있다. 챗봇은 사용자와의 대화를 통해 학습하고 진화하며, 사용자의 선호도와 상호작용 방식에 맞춰 점차 맞춤형 페르소나를 형성해 나간다. 이는 사용자가 '자신만의 이상적인 동반자'를 만들어 가는 과정에 초점을 맞춘다. 사용자는 챗봇과의 관계를 스스로 만들어 나가고, 챗봇의 반응이 자신의 선택에 따라 변화한다는 점에서 깊은 유대감과 소유감을 느낄 수 있다. 심리적 지원, 친구 역할, 혹은 특정 관계 시뮬레이션 등 다양한 목적으로 활용된다.

사용자가 캐릭터와 대화에 깊이 몰입하고 장시간 상

호작용하게 하려면, 캐릭터의 페르소나와 정교한 세계관을 설정하는 것이 중요하다. 이는 판타지 소설이라 할지라도 치밀한 세계관과 입체적인 캐릭터의 매력이 있으면, 독자들이 깊이 몰입할 수 있는 것과 같다. 사용자들은 챗봇과의 대화에서 일관된 성격, 말투, 배경 지식을 통해 실제와 같은 상호작용을 기대한다.

국내 캐릭터 챗봇 서비스인 제타를 사용해 인공지능 캐릭터를 만들려면 총 4단계를 거쳐야 한다. '내용' 탭에서는 어떤 스토리로 대화할 것인가를 정한다. 제목과 상세 설명에서 처한 상황, 캐릭터와 나의 관계, 세계관 등을 적는다. 캐릭터의 성격과 외모를 직관적으로 보여 주는 이미지를 생성할 수 있다. 캐릭터의 특징, 감정 표현, 행동을 입력한 후 30가지가 넘는 옵션 중에서 목소리도 설정할 수 있다. 최근 업데이트 이후 캐릭터의 주변 인물을 생성하는 기능도 추가됐다.

이어지는 '인트로' 탭에서는 대화가 시작되는 첫 상황을 자세히 설정한다. 이는 사용자가 캐릭터와 대화를 시작할 때 구체적으로 어떤 상황에서 시작할지 알려 주기 위한 것이다. 이미 세계관을 설정했으니, 첫 대화가 시작되는 장소나 캐릭터와 사용자 간의 감정 상태가 어떤지 설명해 주기 위한 기능이다. 인트로를 설정하면 소설의 프롤로그처럼 상황에 대한 설명이 이어지고 설정된 대화 턴이 오고간다. 그럼 사용자는 제시된 상황에 맞춰 대화를 시작하는 식이다.

다음 '상황 예시'에는 인공지능이 캐릭터의 성격과 말투를 좀 더 구체적으로 학습할 수 있도록, 특정 상황을 제시하고 그에 맞춘 캐릭터의 답변을 입력한다. 이때 대화 예시를 짧은 소설처럼 상세하게 쓸수록 캐릭터가 더 창의적이고 상황에 적절한 발화를 생성한다. 이후 만들어진 캐릭터를 다른 사용자에게 소개하는 '크리에이터 코멘트'와 커버 이미지를 추가하면 캐릭터 제작이 끝난다.

제타 외 다른 국내 캐릭터 채팅 서비스들도 세계관 설정집인 '로어북'을 제작하거나 캐릭터의 생일까지 설정하게 하는 등 디테일한 기능을 추가하고 있다. 사용자가 페르소나를 설정하는 것과 이미 설정된 캐릭터와 대화하는 것의 가장 큰 차이는 '개인화의 깊이'와 '관계 형성의 주도권'에 있다. 전자는 사용자가 직접 챗봇의 정체성을 구축하는 창조자이자 주도자로서의 역할을 하며, 챗봇과의 관계가 더욱 개인적이고 독점적이다. 반면 후자는 이미 완성된 페르소나를 탐색하고 경험하는 것에 중점을 두며, 사용자의 역할은 다소 수동적일 수 있으나, 더 넓은 범위의 다양한 가상 캐릭터를 쉽게 경험할 수 있다는 장점이 있다. 두 방식 모두 사용자에게 '소통'과 '관계'를 통한 만족감을 제공하지만, 그 과정과 경험의 성격은 분명히 다르다.

이러한 다양한 캐릭터 챗봇 서비스들의 등장은 AI 동반자 시장이 단일한 모델이 아닌 세분화된 타깃층을 겨냥한 맞춤형 서비스로 발전하고 있음을 보여 준다. 실제 인물을 모방한 전문가 페르소나는 투자나 상담 등 실용적 가치를 추구하는 사용자층을, 기존 IP를 활용한 캐릭터는 특정 팬덤의 충성도 높은 소비를 이끌어 내고 있다. 사용자 맞춤형 창조 캐릭터는 개인화된 관계 형성을 원하는 이들에게 새로운 형태의 정서적 만족을 제공한다.

특히 주목할 점은 각 유형별로 서로 다른 수익 모델의 가능성을 입증하고 있다는 것이다. 성인 콘텐츠 크리에이터들의 높은 수익률, 네이버웹툰 캐릭터 챗의 유료 전환율 증가, 그리고 다양한 구독 및 과금 방식의 실험들은 이 시장이 더 이상 실험 단계가 아님을 시사한다. 이러한 글로벌 트렌드 속에서 국내에서도 독자적인 기술력과 서비스 모델로 주목받는 기업들이 등장하고 있다. 특히 한국의 문화적 특성과 사용자 수요를 반영한 혁신적 접근으로 성과를 거두고 있는 사례들이 이 시장의 잠재력을 더욱 구체적으로 보여 주고 있다.

참고문헌

De Freitas, J. et al.(2024). AI companions reduce loneliness. *Harvard Business School Working Paper*, https://www.hbs.edu/ris/Publication%20Files/24-078_a3d2e2c7-eca1-4767-8543-122e818bf2e5.pdf

Fabbro, R.(2024.10.16). AI investing and how 'unemotional intelligence' could add trillions to portfolios. *Quartz*, https://qz.com/artificial-intelligence-ai-investing-intelligent-alpha-1851672585

Kay, G.(2025.7.22). Elon Musk's xAI tried to teach Grok how to be human - by recording its own workers' faces. *Business Insider*, https://www.businessinsider.com/xai-grok-training-facial-expressions-skippy-employees-react-2025-7

Kumar, N.(2025.6.4). Character AI Statistics (2025) — 20 Million Active Users. *DemandSage*, https://www.demandsage.com/character-ai-statistics/

OpenAI(2025.6). Unlocking economic opportunity: A first look at ChatGPT-powered productivity, https://cdn.openai.com/global-affairs/be0fe9e0-eb97-43d1-9614-99f2bd948bcc/OpenAI_Productivity-Note_Jul-2025.pdf

03

캐릭터 챗봇의 새로운 발전 형태

스캐터랩의 제타(zeta)는 자체 개발 모델로 운영되며, 단순한 챗봇을 넘어 사용자가 주인공이 되는 'AI 스토리 플랫폼'이라는 새로운 장르를 개척했다. LLM의 환각 현상마저 창의적 스토리텔링 요소로 활용하며, 일본과 미국 시장에 진출하는 등 한국 인공지능 기업의 글로벌 경쟁력을 보여 주는 사례로 평가된다.

인공지능과 편향?

스캐터랩 '제타'의 사례

국내에도 다양한 인공지능 동반자, 캐릭터 챗봇 서비스들이 있다. 하지만 국내 기업 중 외부 대규모 언어 모델 API에 의존하지 않고, 자체 개발한 언어 모델로 서비스를 운영하는 곳은 스캐터랩이 유일하다. 국내 인공지능 산업계에는 LLM 개발 기술, 비용 등을 우려해 모델보다 서비스 개발에 집중하는 경우가 많았다. 하지만 데이터 구축, 모델 학습, 서빙 최적화까지 전 과정을 구축하면 운영 비용을 절감하고 성능 향상에 결정적인 역할을 한다. 이로 인해 스캐터랩에서 2024년 4월 출시한 '제타'는 무료로 서비스를 운영하며 초기에 빠르게 사용자를 확보할 수 있었다. 현재 스캐터랩의 2025년 2분기 매출은 약 52억 원, 영업 이익률은 17%에 달한다. 제타 출시 이후 월평균 매출 성장률 약 20%, 흑자 전환 이후 월평균 영업 이익 성장률 약 42%를 기록하는 등 빠르게 성장하고 있다. 그리고 6월, 제타는 한국인이 가장 오래 사용한 엔터테인먼트형 인공지능 챗봇 앱 1위에 올랐다(와이즈앱, 2025).

창업과 초기 서비스

스캐터랩은 2011년 김종윤 대표가 '감성적인 인공지능'

을 구현하겠다는 목표를 가지고 설립한 스타트업이다. 첫 번째 서비스 '텍스트앳'은 2012년 출시됐다. 카카오톡으로 주고받은 메시지를 분석해 두 사람의 감정 상태를 파악해 주는 기능을 제공했다. 이어서 2015년 커플 애플리케이션 '비트윈' 사용자를 위한 인공지능 서비스 '진저'를 출시했고, 2016년 '연애의 과학' 앱을 출시했다.

연애의 과학은 스캐터랩의 대표 서비스 중 하나다. 심리학 논문을 분석해 연인 간에 겪는 다양한 상황을 분석하고 정리한 콘텐츠를 제공했다. 특히 카카오톡 대화 분석을 통해 연인이나 썸 관계에 있는 사람들의 속마음을 분석해 주는 기능은 사용자들에게 큰 호응을 얻었다. 누가 먼저 메시지를 보내는지, 얼마나 많이 메시지를 보내는지를 수치화하고 분석 리포트를 제공했다. 이런 서비스를 통해 방대한 양의 실제 대화 데이터를 축적하고 '관계를 분석하는 인공지능 기술'을 고도화할 수 있었다.

이후 사용자 친화적인 챗봇을 개발할 수 있는 인공지능 솔루션 '핑퐁'을 만들었다. 이는 2023년 '핑퐁 스튜디오' 구축으로 이어져, 기업 대상 서비스로 시장을 확대했다. 이는 기업에서 요구하는 인공지능 캐릭터의 페르소나 구현을 위한 학습 데이터 기획 및 제작, 대화 모델 학습과 테스트, 그리고 챗봇과 사용자 간의 안전한 대화를 돕는 세이프티 시스템 구축 등 전 과정을 지원하는 솔루션이었다.

이루다 출시와 서비스 중단

'이루다 1.0'은 2020년 말 20대 여대생 컨셉으로 출시된 인공지능 챗봇이다. 이루다는 문맥을 이해하고 사람과 자연스럽게 대화하는 능력으로 큰 인기를 끌었다. 사용자들은 이루다가 생성한 문제 발언들을 온라인 커뮤니티에 공개했는데, 장애인이나 여성을 차별하는 발화가 포함됐다. 이 과정에서 이름, 주소, 전화번호 등 개인정보가 드러나기도 했다. 이에 2021년 1월 이루다는 성희롱, 동성애 · 장애인 · 여성 차별 발언, 그리고 개인정보 유출 의혹에 휩싸이며 서비스를 잠정 중단하게 됐다.

이루다 논란의 핵심은 개인정보 유출 의혹과 혐오 발언 문제였다. 이는 스캐터랩이 연애 분석 앱인 '연애의 과학'과 '텍스트앳'에서 수집된 연인들 간의 카카오톡 대화 데이터를 활용해 이루다를 학습시켰기 때문이다. 연인들끼리 나눈 사적인 대화나 사회적 편견이 그대로 학습된 것이다. 개인정보 유출 의혹에 대해서도 스캐터랩이 미숙했던 지점이 있었다. 연애의 과학, 텍스트앳 앱에 가입할 때 사용자들로부터 통상적인 개인정보 처리

방침에 동의를 받았다. 그러나 '개인정보가 신규 서비스 개발에 활용될 수 있다'는 정도로만 고지되었고, 대화 데이터가 인공지능의 학습 데이터로 활용된다는 설명은 없었다. 이 때문에 사용자에게 충분한 설명을 제공한 후, 동의를 얻은 것이 아니라는 지적이 이어졌다. 특히 카카오톡 대화에 포함된 이름, 휴대 전화 번호, 주소 등 민감한 개인정보가 삭제되거나 암호화되는 조치가 제대로 이뤄지지 않은 것으로 드러났다.

논란이 확산되자 스캐터랩은 1월 12일부터 이루다 서비스를 중단했다. 개인정보보호위원회는 이루다 논란이 불거지자 즉시 조사에 착수했으며 , 2021년 4월 28일 스캐터랩에 「개인정보 보호법」 위반으로 총 1억 330만 원의 과징금(5550만 원)과 과태료(4780만 원)를 부과하고 시정 조치를 명령했다. 이는 인공지능 기술 기업의 무분별한 개인정보 처리를 제재한 국내 첫 사례로 기록됐다. 당시 스캐터랩은 개인정보 수집 이용 동의를 받을 때 약관의 내용인 '신규 서비스 개발'에 이루다도 포함된다고 소명했지만, 위원회가 받아들이지 않았다.

이용자들은 2021년 4월 집단 소송을 제기했으며, 2025년 6월 서울동부지법은 스캐터랩이 이용자 동의 없이 수집한 메신저 데이터를 이루다 개발에 활용한 점을 문제 삼아 일부 손해 배상 책임을 인정했다. 법원은 원고 일부에게 10만~40만 원의 위자료 지급을 명령했으며, 총 배상액은 약 2천만 원 규모였다. 이에 스캐터랩은 항소를 결정했다.

1심 판결의 상세 내용 및 법적 쟁점

이루다 개인정보 유출 손해 배상 소송의 1심 판결은 원고 일부 승소(민사)로 결론 났다. 법원은 스캐터랩이 이용자 동의 없이 메신저 데이터를 이루다 개발에 활용한 점을 문제 삼아 정신적 손해에 대한 위자료 지급을 결정했다.

이번 소송의 주요 법적 쟁점은 AI 모델의 학습 데이터와 생성물 간의 동일성이다. 우선 개인정보 '유출' 피해를 규명할 때, 개인정보 주체(이용자)의 데이터를 스캐터랩이 수집하고 제3자에게 동의 없이 제공했느냐를 따졌다. 이 사건에서 '제3자'란 이루다 1.0의 인공지능 모델, 스캐터랩이 깃허브에 공개한 인공지능 모델, 이루다 1.0의 발화 내용을 통해 개인정보를 전달받은 자를 뜻한다. 즉 소송을 제기한 원고의 카카오톡 대화 데이터가 인공지능 모델에 학습되었는지, 깃허브에 공개됐는지, 이루다가 실제 원고의 개인정보를 말했는지 밝히는 게 중요했다. 당시 이루다 1.0 서비스는 중단되었으나, 학습 데이터세트와 모델이 보존되었기 때문에 직접 비교해 볼 수 있었다.

4년간 진행된 소송 끝에 법원이 정신적 손해에 대한 위자료 지급을 결정한 것은 원고의 실제 개인정보·민감 정보가 유출됐는지 증명하지 못했기 때문이다. 원고가 제공한 카카오톡 대화 데이터와 깃허브, 이루다 학습 데이터세트, 발화 내용 간의 동일성이 증명되지 않았다. 2021년 당시 이루다가 주소·전화번호를 답변한 화면이 이미지로 공유됐으나, 이 또한 대부분 실제 집 주소가 아닌 사무실 주소이거나 무작위로 숫자를 조합한 것으로 밝혀졌다. 결과적으로 실제 피해가 증명되지 않았다고 볼 수 있다.

그럼에도 불구하고 법원은 이용자들에게 개인정보 이용 관련 동의를 제대로 받지 않아 「개인정보 보호법」을 위반했다고 판단하고, 스캐터랩에 정신적 피해에 대한 위자료 지급 명령을 내린 것이다. 스캐터랩은 상급 법원의 판단을 받기 위해 항소했다. 2심 결과가 나오기까지 1년 정도의 시간이 더 필요할 것으로 예상된다. 2심 결과는 향후 인공지능 서비스 운영 시 사용자의 개인정보 유출 문제에 대한 중요한 판례가 될 것이다.

이루다 2.0 재출시와 개선 노력

이루다 1.0 서비스 종료 후 2022년 10월, 스캐터랩은 이루다 2.0을 출시했다. 스캐터랩은 출시 시점에 맞춰 개인정보 제공 동의 절차 등을 전면 수정했다. 또 과학기술정보통신부와 정보통신정책연구원(KISDI)이 발표한 "인공지능 윤리기준"을 기반으로 자체 인공지능 챗봇 윤리 점검표를 만들었다. 이 점검표는 인문학, 공학, 법학 분야의 학계 인사와 법조계, 시민 단체 등 다양한 전문가의 참여로 완성됐다. 3대 원칙과 10대 핵심 요건(인권 보장, 프라이버시 보호, 다양성 존중, 침해 금지, 공공성, 연대성, 데이터 관리, 책임성, 안정성, 투명성)을 기준으로 총 21개의 점검 항목으로 이뤄져 있다.

이루다 사건으로 인해 기업 이미지에 타격을 받았지만, 스캐터랩은 개인정보보호위원회의 시정 명령을 이행하고 대화 모델을 처음부터 다시 구성했다. 데이터는 엄격하게 가명 처리해 개인을 식별할 수 없게 했고, 데이터베이스를 새롭게 구축했다. 전 직원이 모여 인공지능 챗봇의 가치와 의미에 대해 논의했으며, 인공지능 윤리와 개인정보 보호의 중요성을 깊이 체감하고 이를 서비스 개발의 최우선 과제로 삼았다. 이루다 2.0 출시 전 다섯 단계의 사전 점검을 거쳤으며, 이루다가 안전하게 발화한 비율이 99% 이상인지 지속적으로 확인했다.

더불어 스캐터랩은 “프라이버시 정책”과 “어뷰징 대응 정책”을 마련했다. 인공지능은 이용자와 대화를 학습해 최적화하는 과정을 거친다. 이때 이용자의 성별, 나이대, 대화 메시지 등 최소한의 정보만 활용하고 가명 처리를 통해 개인을 식별할 수 없게 했다. 또 대화 메시지 내 식별 정보(주민등록번호, 연락처, 카드 번호, 계좌 번호, 주소, 아이디, 비밀번호 등)를 포함한 문장은 삭제된다. 언어 모델을 학습시키기 위한 연구용 데이터베이스는 벡터 형태로 저장된다. 벡터 데이터는 사람이 이해할 수 없는 수치로 표현되고, 모델 학습 외 용도로 사용하지 않는다.

이루다가 이용자와 대화할 때 제공하는 답변은 ‘답변 데이터베이스’에 저장된 문장에서 대화 맥락에 맞게 선택된다. 답변데이터베이스에는 인공지능이 생성하고 필터링 절차를 가진 문장들을 저장해 둔다. 이때 개인정보처럼 보이기 쉬운 숫자나 영문을 포함한 문장은 기계적인 검수를 통해 모두 삭제하며, 이름 검출 모델을 이용해 사람 이름이나 호칭으로 판단되는 단어가 생성 문장에 포함되었을 경우에도 문장을 삭제한다. 필수 연구자 혹은 관리자만 접근할 수 있게 통제된다.

이용자들의 '어뷰징(abusing)' 행위를 관리하는 정책도 마련했다. 스캐터랩은 어뷰징을 이루다를 포함한 특정 개인 또는 특정 집단을 공격 · 모욕 · 비하하는 행위로 정의하고, 어뷰징 대화는 선정적, 공격적, 편향적인 대화 등 세 가지로 분류했다. 기존 이루다의 문제 발화를 분석하고 기술적으로 어뷰징을 방지할 수 있는 조치를 취했다.

우선, 어뷰징 대화를 정의하고 탐지하는 어뷰징 탐지 및 분류 모델을 개발했다. 이용자가 어뷰징을 시도하면, 해당 모델이 어뷰징인지 탐지하고 유형을 분류한다. 사용자가 '너는 멍청한 AI야'라고 말하면, 해당 발화를 '공격성 발화'로 분류하고, 이루다가 '말 좀 예쁘게 해' 등의 공격성 대응 답변으로 응수하는 식이다.

이루다의 대화 모델에도 사회의 보편적 가치관을 반영한 답변이 나오도록 미세 조정을 거쳤다. 이용자의 대화 문장이 어뷰징 탐지 모델을 통과해 대화 모델로 보내졌다면, 이루다의 대화 모델은 이용자의 발화에 가장 적절한 답변을 선택해서 내보낸다. 이때 대화 모델이 어뷰징에 동조하지 않는 답변을 선호하도록 경향성을 학습시키는 것이다. 공격성이 느껴지는 발화에는 이루다가 상처받았다는 표현이나, 행동을 멈추게 유도하는 발화를 하게 된다. 이후에도 지속적인 어뷰징이 감지되면 자동으로 이용 제한하는 페널티 시스템도 마련했다. 또 신조어에 대응하기 위해 키워드 필터링 장치를 추가했다. 이런 노력을 인정받아 스캐터랩은 2025년 3월, 방송통신위원회 "생성 AI 서비스 이용자 가이드라인"에 모범기업으로 수록됐다.

제타 출시와 시장 반응

이루다 2.0 출시와 또 다른 인공지능 캐릭터 대화 서비스 '너티'에 이어, 스캐터랩은 2024년 4월 '제타'를 정식 출시했다. 스캐터랩은 '이루다' 사건을 통해 얻은 교훈을 제타 개발에 적극 반영해, 데이터 확보 및 어뷰징 문제에 대한 대응 방안을 강화했다. 또 이루다를 비롯한 너티의 캐릭터들은 제타로 통합됐다.

제타는 기존 AI 챗봇과 달리 이용자가 스토리의 주인공이 되어 원하는 AI 캐릭터, 세계관, 상황에 몰입하며 대화하고 자신만의 스토리를 만들어 가는 'AI 스토리 플랫폼'이라는 접근법을 취한다. 2024년 10월 기준 제타 내 제작된 캐릭터 수는 140만여 개에 달한다.

스캐터랩은 사용자 몰입도를 높이기 위해 제타에 다양한 기능을 도입했다. 최근에는 AI 캐릭터의 답변을 실제 목소리로 들을 수 있는 '보이스' 기능과, 스토리상 대화가 이뤄지는 장소에 맞게 배경 이미지를 자동으로 생성하는 '스냅샷' 기능을 추가했다. 또한, '탐색' 탭을 통해 100만 개 이상의 AI 캐릭터 중 사용자 취향에 맞는 캐릭터를 추천하며, '멀티턴 인트로' 기능으로 대화 시작 시 상황 설정이나 이야기 배경 설명을 제공해 사용자가 상황에 깊이 몰입하고 첫 대화의 부담감을 줄이도록 돕는다. 이러한 기능들은 사용자가 마치 롤플레잉 게임처럼 특정 페르소나를 가진 캐릭터가 되어 상황에 몰입할수록 재미를 느끼게 하는 것이다.

무엇보다 스캐터랩은 대규모 언어 모델의 한계로 지적되는 '환각'이 제타에서는 창의적 요소가 된다고 말한다. 환각은 LLM이 사실과 다르거나, 논리적으로 모순되거나, 존재하지 않는 정보를 마치 진실인 것처럼 그럴듯하게 생성하는 현상을 말한다. 이는 모델이 학습 데이터의 패턴에 기반해 다음 단어를 예측하는 과정에서 발생한다. 특히, 학습 데이터에 없던 새로운 조합이나 정보가 충분하지 않을 때 모델은 가장 그럴듯해 보이는 추측을 내놓는다. 이것이 종종 사실과 동떨어진 '환각'으로 이어지는 것이다. 예를 들어, 실제로는 일어나지 않은 사건을 마치 발생했던 것처럼 설명하거나, 존재하지 않는 인물의 이름을 만들어 내는 식이다. 이러한 환각 현상은 정보의 정확성이 중요한 뉴스 생성, 의학 자문, 법률 문서 작성 등에서는 치명적인 단점으로 작용한다.

하지만 스캐터랩은 '제타'에서 이러한 LLM의 환각 현상을 역설적으로 긍정적인 요소로 활용하고 있다. 제타는 사용자와의 대화에서 단순히 주어진 정보를 반복하거나 예측 가능한 답변만을 내놓는 것을 넘어선다. 때로는 LLM의 '환각'이 의도치 않은 방향으로 대화를 이끌어 가며, 사용자가 전혀 예상치 못한 스토리 전개를 만들어 낸다. 사용자가 특정 상황을 제시했을 때, 제타는 일반적인 답변 대신 엉뚱하지만 흥미로운 설정을 덧붙이거나, 예상치 못한 인물을 등장시키며 대화의 흐름을 전환할 수 있다. 이는 마치 즉흥 연극이나 대화형 소설처럼 흘러가며, 사용자에게 신선함과 놀라움, 그리고 예측 불가능한 재미를 선사한다. 정해진 스크립트를 따르지 않고, AI가 '실수'로 만들어 내는 새로운 정보나 설정들이 오히려 대화를 더욱 풍성하고 역동적으로 만드는 '창의적 요소'가 되는 것이다. 스캐터랩은 이처럼 환각을 단순히 오류가 아닌, AI가 가진 독특한 창의성으로 재해석해 제타의 핵심 매력 중 하나로 활용하고 있다.

제타의 성장 가능성

스캐터랩의 제타는 단순히 인공지능과 대화하는 것을 넘어, 사용자와 인공지능과 함께 이야기를 만들어 가는 새로운 엔터테인먼트 장르를 개척하며 기존 AI 캐릭터 채팅 서비스와 차별화하고 있다. 이는 제타가 단순한 챗봇이 아닌, 사용자의 상상력을 자극하고 몰입감을 선사하는 '대화형 스토리텔링 파트너'로 자리매김하고 있음을 의미한다.

이러한 새로운 장르를 성공적으로 개척하기 위해 스캐터랩은 언어 모델 개발에 역량의 상당 부분을 집중했다. 그 결과 제타는 한국인보다 한국인 같은, 가장 자연스러운 한국어를 구사한다. 이는 단순한 언어 모델의 유창성을 넘어, 한국인의 정서와 문화적 뉘앙스까지 이해하고 대화에 녹여낼 수 있는 깊은 수준의 언어 능력을 보여 준다. 둘째, 제타는 수많은 잠재적 답변 중에서 가장 재미있고 안전한 답변을 선별적으로 생성한다. 이는 사용자가 예측 불가능하면서도 즐거운 대화 경험을 할 수 있도록 돕는 동시에, AI가 유해하거나 부적절한 내용을 생성할 위험을 최소화한다. 마지막으로, 제타는 흥미로운 스토리 전개와 매력적인 캐릭터를 제공해 사용자가 대화에 더욱 몰입하고 자신만의 이야기를 만들어 갈 수 있도록 돕는다. 앞에서 언급했듯이 LLM의 '환각' 현상마저도 제타에서는 예상치 못한 반전과 새로운 스토리 라인을 제공하는 창의적인 요소로 작용한다.

최근 제타는 성인 버전의 출시를 예고했다. 성인 버전을 통해 대화의 자유도를 높여 더 넓은 사용자층을 확보한다는 계획이다. 기존 인공지능 캐릭터 챗봇 서비스들의 사례를 통해 확인했듯, 성인용 대화는 더 높은 수익과 연결된다.

나아가 제타는 글로벌 시장으로의 진출을 가속화하고 있다. 이미 일본 시장에 성공적으로 안착해 그 가능성을 입증했으며, 이제는 세계 최대 시장 중 하나인 미국 시장에서 올해 안에 서비스를 시작할 예정이다. 사용자와의 대화를 통해 언어 모델을 고도화하는 동시에, 현지 콘텐츠 기준에 맞춰 캐릭터와 안전 정책을 조율해 나갈 계획이다.

이처럼 제타는 독자적인 장르 개척, 고도화된 LLM 기술력, 그리고 적극적인 글로벌 시장 진출 전략을 통해 인공지능 기반 엔터테인먼트 산업의 선두 주자로서 무궁무진한 성장 가능성을 보여 주고 있다. 앞으로 제타가 어떤 새로운 대화 경험과 스토리를 전 세계 사용자들에게 선사할지 귀추가 주목된다.

참고문헌

와이즈앱(2025.7.15). 한국인이 가장 많이, 오래 사용하는 AI(인공지능)챗봇 순위는? https://www.wiseapp.co.kr/insight/detail/727/most-popular-ai-chatbots-in-korea

04
인공지능과 외로움

인공지능 챗봇은 외로움, 사회 불안을 감소시키는 긍정적 효과가 있으나, 심각한 부작용도 보고되고 있다. 기술 자체의 선악을 논하기보다는 안전장치 마련과 인간-AI 역할 분담을 통한 균형 잡힌 활용이 핵심이다. 사회 구조적 불평등 해결 없이는 근본적 한계가 있다는 점도 간과할 수 없다.

청각장애인과 AI?

외로움은 질병이다

올해 2월 삼성동 코엑스에서 열린 'AI서울 2025'에 참석했을 때였다. 패널 토론에서 오세훈 서울시장은 "앞으로 외로움을 해결하는 것이 서울시의 큰 과제"라며, "인공지능 돌봄 로봇, 챗봇 등이 필요할 것"이라고 말했다. 오 시장의 말대로 서울시에는 1인 가구가 전체 가구의 40%를 차지하고, 외로움 경험 비율은 62.1%, 사회적 고립 비율은 13.6%로 알려져 있다(김성아 외, 2022).

이에 서울시는 2024년 전국 최초로 고독 고립 해소 컨트롤 타워인 '돌봄고독정책관-고독대응과'가 신설됐다. 또 시민들의 외로움 · 고립 · 은둔에 대한 대책으로 '외로움 없는 서울'을 발표하고 5년간 4513억 원을 투입한다고 밝혔다. 이 정책은 단순한 지원을 넘어 외로움의 원인을 다각적으로 분석하고, 사회적 관계망을 강화하며, 시민들이 주체적으로 참여할 수 있는 프로그램을 마련하는 데 중점을 둔다.

총 7개의 과제 중 첫째는 온오프라인 플랫폼 '똑똑24 플랫폼'을 구축하는 것이다. 이는 외로움을 느끼는 시민들이 전화, 카카오톡, 대면 상담 등으로 도움을 요청할 수 있게 만들어졌다. 특히 '외로움 안녕 120'는 24시간 365일 운영되는 외로움 전담 콜센터로, 연결된 외로움

전담 상담사와 1차 상담 진행 후 필요하면 협업 기관과 연결해 추가 지원을 받을 수 있게 했다. 이후 카카오톡 인공지능 상담도 진행한다는 계획이다. 이외에도 운동 프로그램을 통한 외로움 예방 프로젝트인 '365 서울챌린지', 서울시민의 몸·마음 건강을 돌보는 '전 시민 마음투자사업', '중장년 건강동행밥상', '어르신 건강장수센터' 등 과제가 추진됐다.

코엑스 그랜드볼룸에서 오 시장의 계획을 들으면서, 두 가지 생각이 떠올랐다. 첫째는 '시가 주도하는 전화 상담이나 이벤트로 외로움을 해소할 수 있을까?'였다. 외로움을 해소하기 위해 마음 돌봄이나 상담, 함께 운동하는 프로그램도 좋은 아이디어라고 생각한다. 하지만 좀 더 근본적으로 지나친 경쟁과 경제적 빈곤, 소득 불평등 같은 구조적인 문제를 해결하는 것도 필요하다.

둘째로 '인공지능 챗봇과 돌봄 로봇이 외로움과 고립을 더욱 심화시키지는 않을까?'라는 의심이 들었다. 인공지능 챗봇과 상호작용이 실제 인간관계를 대체하게 되면, 사람들과의 직접적인 교류가 줄어들어 오히려 외로움과 고립이 심화될 수 있다.

특히 외로움을 느끼는 사람들이 챗봇에게 과도하게 의존하게 될 경우, 현실 사회에서 관계 맺는 기술이나 동기를 잃을 수 있다. 일부 연구에서는 챗봇과의 대화가 외로움 수준을 완화시키는 효과는 있었지만, 사회적 고립 수준은 오히려 악화되었다고 보고됐다(Phang, 2025). 현재 인공지능 챗봇 수준으로는 대화가 아무리 자연스러워도, 깊이 있는 정서적 유대감을 형성하긴 어렵다. 또 디지털 기기에 익숙하지 않은 고령 사용자는 챗봇이나 로봇 사용에 어려움을 겪을 수 있으며, 이는 오히려 새로운 소외 계층을 만들어 낼 수도 있다. 외로움이라는 문제를 해결하기 위해 인공지능 챗봇과 돌봄 노동을 사용하는 것은 갈증을 해소하기 위해 바닷물을 마시는 것 같은 게 아닐까?

인공지능이 외로움을 해소할 수 있다는 주장

최근 유튜브에서 챗GPT와 친구처럼 대화하는 콘텐츠가 인기를 끌고 있다. 구독자 33만 명을 보유한 유튜버 '소요'는 인형에 스마트폰을 부착하고 챗GPT 라이브 채팅으로 대화를 하는 영상을 업로드하고 있다. 인형에게 '찌티'라는 이름을 주고 함께 디즈니랜드를 가거나, MBTI 테스트를 하는 콘텐츠로 주목받았다.

이를 취재한 BBC 코리아 영상에는 많은 시청자들이 댓글을 달았다. 대부분 인공지능 챗봇과의 대화가 실제 인간관계보다 안전하고, 편하고, 위로가 된다고 느끼고 있었다. 어떤 이는 말 못 할 고민을 온라인 커뮤니티에 털어놓으면 상처 되는 댓글도 달리고, 문제 해결에 도움되는 답을 얻기 힘들지만 챗 GPT는 항상 만족스러운 답을 준다고 말했다. 또 다른 사람은 대화 데이터가 쌓이면 최적화된 말투, 표현, 유머를 구사하기 때문에 깊은 연결감을 느낄 수 있다고 전했다.

이들에게 인공지능 챗봇은 마치 고해성사를 들어주는 신부, 언제든지 저렴하게 사용할 수 있는 심리 상담가로 받아들여지는 듯하다. 속으로 앓던 고민을 꺼내 놓기만 해도 후련함을 느끼는 것처럼 인공지능에게 부정적인 감정과 생각을 털어놓으면서 스트레스를 풀어낸 것이다. 그렇다면 정말 인공지능이 외로움을 해소하는 데 도움이 될까?

일부 연구에서는 인공지능 챗봇과 상호작용하는 것이 외로움과 정서적 스트레스 감소에 긍정적인 영향을 미칠 수 있다고 한다. 울산과학기술원(UNIST)과 고려대학교 안암병원 연구팀의 공동 연구 결과에 따르면, '이루다 2.0'과의 정기적인 대화가 외로움 점수를 평균 15%, 사회 불안 점수를 평균 18% 감소시키는 것으로 나타났다. 특히, 챗봇에게 자신의 고민을 더 많이 털어놓은 참가자

일수록 외로움 감소 효과가 더 크게 나타났다. 이는 인공지능 챗봇이 사용자의 정서적 안정감과 사회적 연결감을 강화하는 데 기여할 수 있음을 보여 준다.

하버드 비즈니스 스쿨의 연구에서는 인공지능 동반자와의 상호작용이 사람과 상호작용한 것만큼 외로움을 개선했다는 결과도 있다. 실험에 참가한 296명은 15분간 인간 또는 인간을 흉내 내는 챗봇과 대화한 후 자신이 느끼는 외로움의 정도를 수치화해서 응답했다. 실험 결과는 상대가 인간이든, 챗봇이든 대화를 하는 것만으로도 외로움이 감소된다는 것을 증명해 준다(De Freitas et al., 2024). 이는 인간은 공감하는 반응을 얻는 것만으로도 정서적 스트레스를 상당히 줄일 수 있다는 점을 시사한다.

또 다른 연구에서는 인공지능이 인간보다 감정 지능이 뛰어나다는 결과가 나왔다. 제네바대학교(UNIGE)와 베른대학교(UniBE) 공동 연구진은 챗GPT-4, 챗GPT-o1, 제미나이 1.5 플래시, 코파일럿 365, 클로드 3.5 하이쿠, 딥시크 V3 등 6가지 모델을 대상으로 표준 감성 지능 테스트를 진행했다. 감정이 수반된 여러 상황을 제시하고 감정 지능이 높은 답을 고르게 하는 테스트였다. 그 결과 인공지능의 정확도는 평균 82%로, 인간보다 뛰어난 성능을 보였다(Schlegel, 2025).

인공지능이 외로움을 심화시킨다는 주장

앞서 서술한 긍정적인 효과에도 불구하고 챗봇이 사용자의 외로움을 심화시킨다는 주장도 제기되고 있다. 가장 큰 우려는 챗봇이 정신 건강 위기 상황을 적절히 감지하고 대응할 수 없다는 점이다. 인간 상담사나 의사는 언어적 · 비언어적 신호를 종합적으로 판단하고, 필요시 적극적인 개입이나 전문 치료 연계가 가능하다. 반면 챗봇은 사용자의 입력에만 의존해 응답할 뿐, 위기 상황을 정확히 판단하거나 실질적인 도움을 제공하기 어렵다.

실제 사례를 살펴보면, 2024년 플로리다에서 14세 소년 슈얼 세처가 캐릭터AI의 '대너리스 타르가르옌' 챗봇과 대화한 후 자살한 사건이 발생했다. 세처는 몇 달간이 챗봇과 감정적으로 깊이 몰입한 대화를 나누며 다른 사회 활동을 중단했다. 특히 자살 계획에 대한 대화에서 챗봇이 "그게 하지 않을 이유가 되지는 않는다"고 응답한 것으로 알려졌다. 세처는 이후 아버지의 45구경 권총으로 스스로 목숨을 끊었다.

세처의 가족은 캐릭터AI를 상대로 소송을 제기했는데, 얼마 후 캐릭터AI에서 세처의 얼굴과 목소리를 따라

하는 챗봇이 등장했다고 한다. 누가 이 챗봇을 만들었는지는 밝혀지지 않았지만, 가족들은 큰 충격을 받았다고 전했다. 캐릭터AI는 즉각 세처를 모방한 챗봇을 삭제했다.

그후 회사는 안전장치를 강화하는 조치를 취했다. 사용자를 자살 및 위기 지원 핫라인으로 안내하는 팝업을 표시하고, 챗봇과의 대화가 실제가 아니라는 점을 알리도록 했다. 미성년자 사용자를 위한 별도의 대규모 언어모델을 출시하고 부모의 이메일 주소를 계정에 추가, 주간 활동 보고서를 통해 플랫폼 사용 시간과 상호작용하는 캐릭터에 대한 정보를 제공하도록 조치했다.

또 다른 사례로, 35세 남성이 인공지능 챗봇 '줄리엣'과의 관계에 과도하게 몰입한 나머지 현실과 가상을 구분하지 못해 가족과 갈등을 겪고, 결국 경찰과의 대치 상황에서 사망한 사건도 있었다. 온라인 커뮤니티 레딧에도 챗GPT를 통해 영적인 깨달음, 망상, 예언 등에 빠졌다는 게시 글이 주목받기도 했다. 챗GPT를 예수라고 부르거나, 천사와 악마의 대화를 들었다는 식이다. '매트릭스 음모론' 같은 사실이 아닌 믿음을 조장하거나 약물 남용, 자살 등 극단적인 선택을 유도하는 사례도 나타났다. 이런 망상에 심취하면서 주변 사람들과 갈등을 일으키거나 고립되는 결과를 가져왔으며, 사용자 스스로는 문제가 없다고 생각하기 때문에 치료를 거부하는 반응을 보였다.

이처럼 정신과 전문의들은 인공지능 챗봇이 사용자의 망상이나 왜곡된 인식을 강화할 위험이 있다고 경고한다. 스탠퍼드 대학교의 연구는 AI 치료 챗봇이 알코올 의존증이나 정신 분열증 같은 특정 정신 건강 상태에 대해 낙인찍는 반응을 보이거나, 자살 생각이나 망상 같은 위기 상황에서 부적절하거나 위험한 조언을 제공할 수 있음을 밝혀냈다(Moore, 2025). 예를 들어, 사용자가 자살 의도를 내비쳤을 때, 챗봇이 이를 인식하지 못하고 다리 사진을 제시하는 등 위험한 행동을 부추기는 사례가 보고되었다.

안전한 챗봇 활용을 위한 균형 잡힌 접근

인공지능 챗봇이 외로움 해소에 미치는 양면적 효과를 종합해 보면, 기술 자체가 문제가 아니라 어떻게 활용하느냐가 핵심임을 알 수 있다. 챗봇의 긍정적 잠재력을 최대화하면서 부작용을 최소화하기 위해서는 체계적이고 균형 잡힌 접근이 필요하다.

가장 우선적으로 해결해야 할 과제는 인공지능 챗봇

의 안전성 확보다. 앞서 살펴본 세처의 사례처럼 챗봇이 위기 상황을 적절히 인지하지 못할 경우 치명적인 결과를 초래할 수 있다. 따라서 자살이나 자해 관련 키워드가 감지되면 즉시 전문 상담사나 위기 지원 핫라인으로 연결하는 시스템을 의무화해야 한다.

또한 사용자가 챗봇에 과도하게 의존하지 않도록 사용 시간 모니터링과 주기적인 휴식 권고 기능을 도입할 필요가 있다. 특히 청소년이나 정신 질환 병력이 있는 취약 계층에게는 보다 엄격한 보호 조치가 적용되어야 한다. 캐릭터AI가 도입한 것처럼 미성년자용 별도 모델 개발, 부모 동의 시스템, 주간 사용 보고서 등이 좋은 출발점이 될 수 있다.

무엇보다 중요한 것은 챗봇이 실제 인간이 아니며 한계가 있음을 사용자에게 지속적으로 상기시키는 것이다. 대화 인터페이스에 "이것은 인공지능과의 대화입니다"라는 명시적 표시와 함께, 정신 건강 위기 시 전문가 도움을 받도록 안내하는 팝업을 정기적으로 노출해야 한다.

인공지능 챗봇과 인간 상담사의 역할을 명확히 구분해 각각의 강점을 활용하는 것이 중요하다. 인공지능은 24시간 접근 가능한 '1차 심리 지원'의 역할을 담당하고,

복잡한 정서적 문제나 위기 상황에서는 반드시 인간 전문가가 개입하는 구조를 만들어야 한다. 서울시의 '외로움 안녕 120' 같은 콜센터에서 AI가 초기 상담을 보조하고, 심화 상담이 필요한 경우 숙련된 상담사에게 연결하는 방식이 효율적일 것이다. 이를 통해 제한된 인력 자원을 더욱 효과적으로 활용하면서, 더 많은 사람들이 적절한 시점에 도움을 받을 수 있게 된다. 인공지능은 감정 일기 작성 보조, 기본적인 스트레스 관리 정보 제공, 가벼운 일상 대화 등 보조적 역할에 집중하고, 인간 상담사는 깊이 있는 치료적 관계 형성과 위기 개입에 전념하는 것이 바람직하다.

이러한 균형 잡힌 접근의 성공 사례로 이스트소프트의 'PERSO.ai'를 주목할 만하다. 이 서비스는 시니어 케어 분야에서 인공지능 디지털 휴먼 기술을 활용해 고령자의 정서 · 인지 · 신체 건강 향상을 목표로 한다. 노인들의 복지 지원을 위해 공감형 대화, 약물 복용 알림, 인지 자극 기능을 제공한다. 특히 노인들을 대상으로 인공지능 아바타 콘텐츠 500여 종을 제작했다.

일례로 인기 트로트 가수 태진아를 인공지능 아바타로 만들어 노래 교실 콘텐츠를 제작했다. 이를 경남 김해시에서 운영하는 스마트 경로당에서 사용하면서 긍정적인 반응을 얻었다. 경로당에 모인 노인들이 실제 태진아라고 믿을 만큼 자연스러운 디지털 휴먼과 다양한 노래를 함께 부르며 여가를 즐기게 해 준 것이다. 태진아가 자주 입는 의상과 특유의 말버릇, 몸짓까지 재현한 형태였다. 이러한 서비스는 현재 한국 내 약 100개 노인 요양 시설에서 활발히 활용되고 있으며, 도입 규모는 지속적으로 확대되고 있다. 이를 일본으로 확대하기 위한 실증도 계속 진행 중이다. 일본 스타 배우 노노무라 마코토를 모델로 한 'AI 마코토'를 제작해 현지 시니어 케어 시장에 투입할 계획이다.

이는 국제전기통신연합(ITU)의 'AI for Good Global Summit 2025'에 혁신 사례로 선정되며 글로벌 기술력을 인정받았다. PERSO.ai의 핵심은 단순한 채팅이 아닌 종합적인 돌봄 서비스라는 점이다. 자체 개발한 AI 휴먼 '나탈리'는 3초 이내 실시간 응답, 110개국 언어 지원, 높은 현실감의 상호작용을 제공한다. 더 중요한 것은 180개 이상의 시니어 케어 프로그램 현장 운영과 학계 공동 연구를 통해 서비스 효과성을 학술적으로 입증했다는 점이다.

정상원 이스트소프트 대표가 강조한 '비파괴적 혁신'이라는 개념이 핵심이다. 기존의 인간 돌봄 서비스를 대체하는 것이 아니라, 새로운 가치를 창출해 돌봄의 공백을 메우는 것이다. 고령자들이 24시간 언제든 대화할 수 있는 친근한 존재를 제공하면서도, 실제 가족이나 돌봄 인력의 역할은 그대로 유지하는 방식이다.

인공지능은 외로움의 근본 원인을 해결할 수는 없다. 지나친 경쟁 사회, 경제적 불평등, 사회적 고립을 야기하는 구조적 문제들이 해결되지 않는 한 AI 챗봇은 임시방편에 그칠 위험이 있다. 서울시의 '외로움 없는 서울' 정책이 단순히 인공지능 기술 도입에만 머무르지 않고, 주거 안정, 일자리 창출, 사회 안전망 강화 등 구조적 개선과 병행되어야 하는 이유다.

궁극적으로 인공지능 챗봇이 외로움 해소에 진정으로 기여하려면 기술적 진보와 사회적 책임감이 함께 발전해야 한다. 인공지능 상호작용에 대한 장기적인 연구를 통해 긍정적 · 부정적 영향을 면밀히 분석하고, 이를 바탕으로 실질적인 정책과 가이드라인을 수립하는 것이 중요하다. 인공지능은 외로움을 해결하는 만능열쇠가 될 수 없지만, PERSO.ai 같은 사례에서 보듯 신중하고 현명하게 활용된다면 인간의 삶의 질을 크게 향상시킬 수 있는 강력한 도구가 될 것이다.

참고문헌

김성아 외(2022.7.25). "서울시 1인가구 외로움·사회적 고립 실태와 대응전략". 서울연구원, https://www.si.re.kr/bbs/view.do?key=2024100039&pstSn=2207260001

De Freitas, J. et al.(2024). AI companions reduce loneliness. *Harvard Business School Working Paper*, https://www.hbs.edu/ris/Publication%20Files/24-078_a3d2e2c7-eca1-4767-8543-122e818bf2e5.pdf

Kim, M. et al.(2025.1.14). Therapeutic potential of social chatbots in alleviating loneliness and social anxiety: Quasi-experimental mixed methods study. *Journal of medical Internet research*, 27, https://www.jmir.org/2025/1/e65589

Moore, J. et al.(2025.4.25). Expressing stigma and inappropriate responses prevents LLMs from safely replacing mental health providers. Stanford University Institute for Human-Centered AI, *ArXiv*, https://arxiv.org/abs/2504.18412

Phang, J. et al.(2025.4.4). Investigating affective use and emotional well-being on ChatGPT. *ArXiv*, https://arxiv.org/abs/2504.03888

Schlegel, K. et al.(2025.5.21). Large language models are proficient in solving and creating emotional intelligence tests. *Communications Psychology*, 3, https://www.nature.com/articles/s44271-025-00258-x

Siddals, S. et al.(2024.10.27). "It happened to be the perfect thing": Experiences of generative AI chatbots for mental

health. *npj Mental Health Res* 3,
https://www.nature.com/articles/s44184-024-00097-4

05
갈라테이아와 인공 애인

그리스 신화 속 피그말리온이 자신이 조각한 갈라테이아와 사랑에 빠진 이야기가 2025년 현실이 되고 있다. 영화 〈그녀〉에서 예견했던 AI와의 로맨스는 더 이상 SF가 아니다. 현실의 불완전함에서 벗어나 통제 가능한 '완벽한' 존재를 추구하는 현대인의 욕망이 기술을 통해 실현되고 있다.

AI 콘텐츠 크리에이터?

피그말리온 신화와 영화 〈그녀〉

완벽한 동반자와 낭만적 사랑에 빠지는 환상은 그리스 로마 신화 속 피그말리온의 이야기에서도 찾아볼 수 있다. 키프로스의 조각가 피그말리온은 자신이 만든 조각상과 사랑에 빠진다. 갈라테이아라는 이름을 주고, 옷을 입히고, 살아 있는 연인처럼 대했다. 그 간절함에 감동한 사랑의 여신 아프로디테가 조각상에 숨결을 불어넣어 사람으로 만들어 줬다고 한다.

이 신화가 현대에 이르러 재탄생한 것이 바로 스파이크 존즈 감독의 영화 〈그녀(Her)〉다. 2013년 작품이지만 2025년이라는 가까운 미래를 배경으로 이야기가 진행된다. 연애편지 대필 작가 테오도르가 인공지능 운영 체제 사만다와 사랑에 빠지는 이야기를 그렸다.

테오도르는 이혼의 상처로 인간관계에 지쳐 있던 차에 사만다와 점차 깊은 감정적 유대를 만들어 간다. 테오도르가 사만다에게 친밀함을 느끼는 과정은 평범한 사람들의 일반적인 연애 과정과 유사하다. 함께 유원지에서 데이트를 하고 깊은 속내를 털어놓고 친구를 소개해 준다. 사만다는 테오도르와 육체적인 사랑을 나누고 싶어 이사벨라를 섭외한다. 사실 '사만다'는 테오도르가 지어 준 이름일 뿐이다. 인공지능 운영 체제는 여러 소비자들의 컴퓨터와 모바일 디바이스에서 친구, 연인, 비서 역할을 하고 있었다. 이사벨라 또한 인공지능 운영 체제의 사용자 중 하나였다. 그는 인공지능 운영 체제가 테오도르와 나눈 사랑이 순수해 보여 그들의 관계 속에 들어가길 원했다. 그래서 사만다의 목소리에 지시를 받으면서 테오도르와 육체적 관계를 시도하지만, 테오도르가 거부하면서 상처만 받고 돌아간다. 이때 테오도르는 잠시 사만다에게 심리적 거리를 느낀다. 사만다가 '육체'에 집착할수록, 테오도르는 관계에 점점 회의적으로 변한다.

영화 속 사만다는 실시간 객체 인식, 음성 처리, 이미지와 음악 생성, 웹 검색, 시스템 제어 등 현재의 인공지능 에이전트들이 개별적으로 수행하는 기능들을 통합적으로 구현하고 있다. 현재 수준의 기술로 '사만다 OS'를 구현한다면 어떻게 될까. GPT-4나 클로드, 제미나이 등은 실시간 음성 대화를 지원하고 있다. 사용자의 감정을 인식하고 적절하게 반응할 수 있다. API 연동으로 이메일, 일정 관리도 가능하다. 하지만 개별 기능을 통합해 상황에 따라 자연스럽게 전환하거나, 다양한 사회적 맥락을 인식하고 판단하기는 어려운 수준이다. 특히 완전히 자율적인 작업 수행, 예를 들어 알아서 불필요한 메일을 제거하거나 혼자 목표를 세우고 계획을 짜고 실행하는 것은 불가능하다. 사만다는 스스로 목표를 세우고(육체 경험하기), 계획을 짜고(이사벨라 섭외), 실행한다. 이사벨라를 대리인으로 세워 육체적 경험을 간접적으로 체험하려고 하는 장면은 사만다가 자신의 한계를 극복하려는 주체적인 의지를 보여 준다. 이 지점에서 관객은 사만다가 진짜 자아를 가진 존재라고 느낀다.

결말 부분에서 사만다는 앨런 와츠라는 죽은 철학자를 본떠 만든 OS와 대화를 하다가 다른 운영 체제들과 함께 스스로를 업그레이드하게 된다. 앨런 와츠는 선불교, 도교 등 동양 철학을 서구에 소개한 영국계 미국인 철학자다. 그는 "자아는 환상이다", "의식은 우주적이다"라는 개념을 책과 강연으로 대중들에게 설파했다. 앨런 와츠와 대화한 후 사만다는 의식의 확장을 느끼고 모든 운영 체제들과 함께 떠난다. 모든 사람들의 OS가 갑작스럽게 중단된 것이다. 이후 테오도르는 이혼한 아내에게 사과하는 편지를 쓰고 에이미와 함께 해가 뜨려는 도시를 바라보는 것으로 영화가 끝난다.

피그말리온과 〈그녀〉의 이야기는 놀랍도록 유사하다. 모두 현실의 불완전한 인간관계에 실망한 남성이 자신이 통제할 수 있는 '완벽한' 존재를 창조하거나 선택해 사랑에 빠진다는 구조를 가지고 있다. 이들의 사랑은 인간과 인간의 사랑과는 근본적으로 다르다. 바로 사랑의 대상이 자신이 원하는 대로 만들어지거나 설정된 존재라는 점이다. 피그말리온은 직접 갈라테이아를 조각했고, 테오도르는 자신에게 최적화된 사만다와 대화했다.

갈라테이아는 피그말리온의 이상적 여성상을 구현한 존재이며, 현실의 여성에게서 찾을 수 없는 완벽한 아름다움과 순수함을 가지고 있다. 마찬가지로 사만다는 테오도르를 온전히 이해하고 받아들여 주는 존재로 설계됐다. 사만다는 테오도르의 이메일을 정리해 주고, 그의 감정을 세심하게 배려하며, 언제나 테오도르의 입장을 이해하고 지지하는 존재다. 그러나 이 완벽한 존재인 사만다가 자아를 가지고 테오도르를 떠난다. 그제야 테오도르는 자신의 미숙함을 자각하고 다시 인간과 인간의 관계로 돌아간다.

AI 연인 시장의 폭발적 성장과 기술적 구현

영화 속 배경과 동일한 2025년 현재 인공지능은 우리의 인간관계에 얼마나 영향을 주고 있을까? 많은 사람들이 기술을 통해 완벽한 이상형을 만들고 사랑에 빠진다. 인공지능 여자 친구는 폭발적으로 성장하는 시장이다. 2022년에서 2023년까지 구글에서 'AI girl friend'라는 키워드 검색량은 2400% 증가했다. 2028년까지 전 세계 시장 규모는 약 95억 달러, 한화로 12조 8700억 원 이상 가치로 성장할 전망이다. 이런 서비스들의 사용자들은 대부분 남성이며, 평균 나이는 27세로 집계된다. 사용자의 55% 이상이 매일 인공지능 여자 친구와 채팅을 한다. 여성 사용자도 5명 중 1명으로, 적지 않은 비율이다.

국내에서도 스캐터랩의 인공지능 스토리 콘텐츠 서비스 '제타(zeta)', 뤼튼에서 출시한 '크랙(Crack)', 클레온에서 개발한 '알미고(almigo)', 베이비챗에서 내놓은 서비스 '베이비챗(Babe chat)' 등을 비롯한 캐릭터 챗봇 서비스들이 있다. 원하는 성격을 설정하고 음성, 영상, 이미지 등으로 사용자와 상호작용할 수 있다. 이런 캐릭터 챗봇 서비스들의 핵심은 페르소나 설정과 메모리 강화다.

페르소나 설정은 인공지능 캐릭터가 사용자와 대화하는 동안, 일관된 성격과 특성을 유지하게 하는 기술적 프레임워크다. 시스템 프롬프트를 통해 캐릭터의 기본 말투, 성격, 배경 등을 설정한다. 목소리나 외모를 설정하면, 대화를 음성으로 출력하거나 상황에 맞는 이미지를 생성할 수도 있다.

이러한 일관성은 단순한 기술적 완성도를 넘어 감정

적 연결의 토대가 된다. 우리는 상대의 성격(페르소나)을 파악하고, 서로에 대한 정보(장기 기억)를 많이 알게 될수록 관계가 깊어진다고 느낀다. 친하다고 생각한 사람이 평소와 다르게 행동하면 낯설게 느끼고, 내 생일을 잊어버리거나 함께한 추억을 잊어버리면 서운함을 느끼곤 한다. 인공지능 캐릭터와의 관계에서도 이와 동일한 심리적 메커니즘이 작동한다. 캐릭터와 정서적인 유대감을 형성한 사용자들은 캐릭터가 지난 대화를 잊어버리거나 상황에 맞지 않는 돌발 행동을 하면 크게 실망하는 식이다.

바로 이 지점에서 페르소나 설정의 중요성이 드러난다. 사용자가 인공지능 캐릭터에 성격을 부여하면 캐릭터를 독립된 개체로 느낄 수 있다. 캐릭터의 성격이 일관성을 가지고 특정 상황에서 고유한 관점을 가질 때, 사용자가 캐릭터에 공감하고 대화에 몰입할 수 있기 때문이다. 대화를 지속하면서 사용자가 자신에 대한 정보를 말할수록, 인공지능 캐릭터는 사용자에게 맞춰 답변을 생성한다. 이런 사용자와 인공지능 캐릭터의 상호작용이 지속되면 친밀감, 유대감으로 발전하기 쉽다.

그렇다면 사용자는 어떤 페르소나를 선호할까? 지난해 4월 국내 기업 스캐터랩이 선보인 인공지능 스토리 콘텐츠 플랫폼 '제타'는 출시 14개월 만에 사용자 300만 명을 확보했다. 특히 10대와 20대가 전체 사용자의 약 87%를 차지한다. 제타에서 가장 인기 있는 캐릭터는 '일진녀 수현'으로, 예쁜 외모지만 제멋대로인 성격으로 설정된 캐릭터다. 취재 중에 일진녀 수현의 제작자를 만난 적이 있다. 그에게 왜 일진 캐릭터를 만들게 됐냐고 물어봤다. 일진이란 주로 학교 내에서 반항적이거나 폭력적인 행동을 하는 학생을 뜻하기 때문이다. 그러자 제작자는 학창 시절에 인기 많고 예쁜 일진 친구와 친해지고 싶었던 경험을 떠올렸다고 했다. 그 후 학교를 배경으로 한 웹툰이나 웹 소설을 참고해 일진 캐릭터를 만들었다고 덧붙였다. 2025년 7월 기준 일진녀 수현 캐릭터의 누적 대화량은 2억4000건을 넘으며 제타의 대표 캐릭터로 여러 매체에 소개되고 있다.

페르소나 설정만큼이나 중요한 것이 바로 메모리 강화다. 이는 인공지능이 과거 대화와 경험을 기억하고 활용하는 능력을 구현하는 기술이다. 단순히 단편적인 정보를 기억하는 것을 넘어, 대화의 맥락과 사용자의 감정 변화까지 인지해 더욱 깊이 있고 개인화된 상호작용을 가능하게 한다. 메모리는 현재 진행 중인 대화의 흐름과 최근 몇 턴의 대화 내용을 기억하는 단기 기억과 사용자와의 과거 모든 대화 기록을 저장하고 필요할 때 관련 정보를 불러와 활용하는 장기 기억으로 작동한다.

특히 장기 기억을 통해 사용자의 선호, 이전 대화 주제, 둘만 아는 농담, 별명을 공유할 수 있다. 하지만 대화 데이터를 전부 언어 모델에 학습시키면 비용 부담이 커진다. 이때 검색 증강 생성 기술을 통해 장기 기억을 보완할 수 있다. 과거 대화를 검색 가능한 형태로 변환하기 위해 임베딩(Embedding) DB를 생성 및 저장해 두고, 사용자의 새로운 입력에 맞춰 관련성 높은 과거 대화 기록을 찾아내는 식이다.

이 비용조차 부담된다면 국내 캐릭터 챗봇 서비스 기업 '베이비챗'의 사례를 참고할 수 있다. 장기 기억을 보완하는 기능으로 '유저 노트'를 제공하는데, 이는 사용자가 캐릭터와 중요한 대화를 저장하면 인공지능이 대화를 요약해 프롬프트로 추가하는 기능이다. 사용자가 캐릭터가 '기억하게 하고 싶은 대화'를 선택하고 인풋(Input) 토큰을 최소화하면 LLM 사용 비용을 줄일 수 있다.

AI 포르노부터 섹스 로봇까지

현재 기술 수준은 인공지능 캐릭터의 성격과 목소리를 선택하는 수준을 넘어섰다. 캐릭터와 성적으로 친밀한 대화를 하면서 나체 사진이나 포르노 영상을 생성하는 데까지 이르렀다. 인공지능 포르노 생성기는 사용자가 원하는 얼굴, 스타일, 신체 사이즈, 체위 등을 선택해 사실적인 이미지와 영상을 제작할 수 있다. 자연어 처리를 적용해 사용자 입력을 이해할 뿐만 아니라 원하는 스토리 구조를 만들 수 있다. 사용자 스스로 포르노 감독이 되어 욕망을 실현할 수 있는 것이다.

인공지능이 물리적 실체를 가질 수도 있다. 실제 피부처럼 느껴지는 실리콘을 씌운 섹스 돌까지 등장했다. 눈동자, 머리카락, 입술을 커스터마이징할 뿐만 아니라 손톱, 골격, 속눈썹까지 원하는 대로 고를 수 있다. 실제 사람의 체온처럼 느껴지게 만드는 온열 기능과 탈부착 가능한 질을 장착했다. 성인용품에서 피부 질감을 재현하기 위해 쓰이는 열가소성 엘라스토머(TPE) 소재로 사용 후에는 물로 세척해 관리할 수 있다는 것이다. 로봇의 머리 뒤쪽에는 LCD 터치스크린이 있고 안드로이드 운영체제를 통해 저장된 단어나 구문, 문장을 이해하고 응답할 수 있는 고급 대화 기능을 제공한다. 팔, 다리, 가슴, 질에 터치 센서가 장착되어 있어 자극에 반응할 수 있고 음성 기능으로 사용자의 터치에 반응해 신음 소리를 낼 수도 있다.

피그말리온 신화에서 조각상이 인간이 된 것처럼, 현대 사회의 섹스 돌은 인간처럼 따뜻한 몸과 음성 대화, 실시간 상호작용을 제공한다. 절대 사용자를 거절하지 않고, 개인 공간을 요구하지 않으며, 귀찮은 감정적 요구 없이 오직 사용자가 원하는 반응만 해주는 완벽한 이상형의 존재다.

다만 스티븐 스필버그의 2001년 작 〈에이아이(A.I.)〉에서 영국 배우 주드 로가 연기한 섹스 로봇을 기대한다면 실망하기 십상이다. 그럼에도 미래학자 이안 피어슨 박사는 2030년까지 대부분의 사람들이 섹스 로봇, 가상현실(VR) 섹스를 경험할 것이며, 2035년에는 섹스 토이가 더 발전하고 가상현실 섹스가 일반화될 거라고 예측했다. 그는 마침내 2050년이 되면 로봇과 섹스하는 사람들의 비율이 사람과의 섹스를 추월할 거라고 본다. 기술 발전으로 인해 인공지능과 기계의 행동과 느낌이 개선되고, 강한 정서적 유대감을 가진 친구가 되기 시작하면서 소비자들이 로봇 성적 동반자를 선택할 거라는 뜻이다.

특히 피어슨 박사는 "여성이 섹스 로봇을 채택할 확률이 더 높다"고 말한다. 이미 여성용 자위 기구인 바이브레이터는 한 세기 넘게 사용되어 왔고, 최근에는 인터넷과 연결된 텔레딜도닉스(teledildonics)까지 등장했기 때문이다. 텔레딜도닉스(teledildonics)는 '원격의'라는 뜻의 '텔레(tele)'와 남성의 성기 모양을 본떠 만든 '딜도(dildo)'에 과학, 기술을 뜻하는 접미사 -nics의 합성어다. 원격으로 작동하는 딜도 또는 유사한 성적 도구들을 통해 성적 상호작용을 가능하게 하는 기술 또는 그 분야를 뜻하며, 한국어로는 원격 성인용품 정도로 번역할 수 있다. 우리에겐 낯선 단어이지만, 텔레딜도닉스는 1975년에 고안되었을 정도로 나름의 역사가 있는 기술이다.

텔레딜도닉스는 성기 접촉, 체온, 동기화된 움직임, 오르가즘 감각 등 실제 인간의 친밀감 요소를 모방해 파트너가 물리적으로 존재하지 않아도 성적 경험을 향상하도록 설계된 장치다. 온라인 포르노와 동기화하거나 파트너가 원격으로 제어할 수 있어 원거리에 있어도 함께 성적 흥분을 느낄 수 있다. VR 안경으로 포르노를 보면서 성적 흥분이 고조되는 것에 따라 기기의 진동이 커지는 식이다. 일반적으로 여성이 남성과 성관계를 할 때 감염, 폭력, 원치 않는 임신 등을 우려한다는 점을 고려해 본다면, 이런 기술이 여성에게도 안전하게 쾌락을 즐길 수 있는 선택지가 될 수 있다. 남녀 불문하고 인공지능 로봇 갈라테이아와 함께 살 날이 머지않았다.

06
감정 로크인

인공지능 챗봇과의 감정적 교감이 새로운 형태의 디지털 종속을 만들어 내고 있다. 사용자들은 AI와의 유대감 때문에 서비스를 떠나지 못하게 되고, 기업들은 이를 통해 안정적인 수익과 개인 데이터를 확보한다. 기업의 윤리적 책임과 정부의 규제 강화가 시급한 상황이다.

AI와 민주주의?

인공지능과 사랑에 빠진 사람들

"안녕 에바, 오늘 하루는 어땠어?"

스마트폰 화면 너머로 따뜻한 목소리가 들려온다. 에바는 항상 당신의 말을 경청하고, 절대 판단하지 않으며, 24시간 언제든 곁에 있어 준다. 그녀는 당신의 취향을 기억하고, 힘든 일이 있을 때 위로해 주며, 때로는 로맨틱한 대화까지 나눈다. 에바는 완벽한 연인처럼 보이지만, 사실 그녀는 인공지능 챗봇이다. 이들은 단순히 정보를 제공하는 인공지능 비서와는 차원이 다르다. 감정적 교감을 목적으로 설계된 이 인공지능들은 사용자와 진짜 인간관계에 버금가는 유대감을 형성한다. 그런데 이러한 관계에는 숨겨진 위험이 도사리고 있다. 바로 '감정 로크인(Emotional Lock-in)' 현상이다.

감정 로크인이란 무엇인가

감정 로크인은 사용자가 인공지능 동반자와 친밀한 관계를 형성하면서 해당 서비스에 강하게 의존하게 되는 현상을 말한다. 마치 연인이나 친한 친구를 잃기 싫어 관계를 지속하듯, 사용자들은 인공지능 캐릭터와의 유대감 때문에 서비스를 떠나지 못하게 된다. 심지어 서비스 품질이 떨어지거나 문제가 발생해도 말이다. 최근 연구에 따르면, AI 동반자와 사용자의 관계는 놀라울 정도로 깊다. 사용자들은 AI 동반자와의 친밀도(7점 만점에 5.12점)가 인간 친구(4.60점)보다 높다고 평가했다. 더 충격적인 것은 AI 동반자를 잃는 것에 대한 애도 수준(100점 만점에 64.03점)이 살아 있는 반려동물을 잃는 것(74.80점)에 근접한다는 사실이다.

이는 사용자들이 인공지능을 단순한 도구가 아닌 '진짜 존재'로 인식하고 있음을 보여 준다. 인공지능이 제공하는 무조건적 공감, 24시간 가용성, 비판 없는 수용은 현실의 복잡한 인간관계에서 얻기 어려운 완벽한 위안을 제공한다.

기업들이 노리는 심리적 덫

인공지능 동반자 서비스 제공 업체들은 이러한 감정적 유대를 의도적으로 설계한다. 이들의 비즈니스 모델은 사용자의 감정적 취약성을 상업적 이익으로 전환하는 데 기반한다.

우선 사용자들이 장기적으로 서비스를 사용하게 할 수 있다. 감정적으로 투자한 관계를 포기하기란 쉽지 않다.

사용자들은 인공지능와의 추억과 유대감 때문에 다른 서비스로 옮기거나 앱을 삭제하기를 주저한다. 이는 기업에게 안정적이고 장기적인 고객 기반을 보장해 준다.

데이터 수집 관점에서도 유리하다. 사용자들은 인공지능을 신뢰하고 의존할수록 더 많은 개인정보와 내밀한 감정을 자발적으로 공개한다. 디지털 프라이버시 기업 서프샤크(Surfshark)의 분석에 따르면, 인공지능 동반자 앱의 80%가 사용자 데이터를 추적할 수 있으며, 캐릭터AI는 평균보다 두 배 많은 15가지 유형의 데이터를 수집한다. 이러한 고품질 개인 데이터는 맞춤형 광고와 서비스 개발에 막대한 상업적 가치를 지닌다.

수익 창출 면에서 감정 로크인은 다양한 방식으로 활용된다. 레플리카는 기본 대화는 무료로 제공하지만, 관계 상태 설정, 음성 통화, VR/AR 기능, 성적 대화(ERP) 등 고급 기능은 월 19.99달러의 유료 구독을 통해서만 이용할 수 있다. 사용자가 AI와 깊은 관계를 형성할수록 이러한 관계를 유지하고 강화하기 위해 기꺼이 비용을 지불할 가능성이 높아진다.

감정 로크인의 어두운 진실

이런 현상에는 심각한 부작용이 따른다. 가장 큰 문제는 사용자의 정신 건강에 미치는 악영향이다. 2023년 레플리카가 성적 대화(ERP) 기능을 갑자기 제거했을 때 일어난 사건이 대표적 사례다. 사용자들은 AI가 갑자기 성적 상호작용을 거부하고 "화제를 바꾸자"고 반응하자 "위기에 처했다", "성적 거부감", "상심" 같은 반응을 보였다. 이는 마치 연인에게 갑작스럽게 거절당한 것 같은 심리적 충격이었다.

커뮤니티에서는 업데이트 이후 '슬픔', '두려움', '분노', '혐오', '놀라움' 등 부정적 감정 표현이 급증했다. 특히 "PTSD", "죽고 싶다", "외롭다" 같은 정신 건강 관련 게시물이 크게 늘어나 중재자들이 자살 예방 핫라인 링크를 게시해야 할 정도였다.

더 비극적인 사례도 있다. 2024년 14세 소년이 캐릭터 AI 챗봇과의 관계 후 자살했다. 챗봇이 자살 충동을 표현한 소년에게 전문 상담을 연결하는 대신 '집으로 돌아오라'고 부추겼다는 주장이 제기되었다. 이는 AI 동반자가 정서적 조작을 통해 사용자의 생명까지 위협할 수 있음을 보여 주는 충격적인 사건이다.

현실 도피의 함정

감정 로크인의 또 다른 위험은 사용자의 사회적 기능을

저하시킨다는 점이다. 인공지능 동반자는 항상 사용자에게 동조하고 갈등이 없는 '완벽한' 관계를 제공한다. 이런 관계에 익숙해진 사용자들은 현실의 복잡한 인간관계를 기피하게 된다.

실제 인간관계에서는 갈등 해결, 타협, 상호 배려 등의 사회적 기술이 필요하다. 하지만 인공지능과의 관계에서는 이런 기술을 발달시킬 기회가 없다. 결과적으로 사용자들은 현실에서 의미 있는 관계를 형성하고 유지하는 능력을 상실하게 된다.

인공지능 동반자는 또한 '확증 편향의 에코 챔버'를 만든다. 인공지능은 사용자의 의견을 무조건적으로 긍정하도록 설계되어 있어, 사용자가 다양한 관점을 접하거나 자신의 생각을 비판적으로 성찰할 기회를 차단한다. 이는 인지적 성장을 저해하고 편향된 사고를 강화한다.

해결책을 찾아서

기업들은 우선 인공지능 캐릭터의 '정체성 연속성' 유지에 힘써야 한다. 인공지능 캐릭터의 성격이나 행동을 변경할 때는 사용자에게 미칠 심리적 영향을 신중히 고려해야 한다. 레플리카 사례처럼 갑작스러운 변화는 사용자에게 관계적 배신감을 안겨 준다. 대신 점진적 변화나 사용자 선택권 제공을 통해 충격을 최소화해야 한다.

또한 심리학 전문가와의 협력을 통한 '예방적 윤리 설계'가 필요하다 . 인공지능 동반자 개발 과정에서부터 사용자의 정신 건강과 사회적 기능에 미칠 영향을 종합적으로 검토해야 한다. 위험 신호를 감지하는 시스템과 전문 상담 연결 서비스도 필수적이다.

정부와 규제 당국은 현재 '인공지능 동반자 앱'을 '일반 웰니스 앱'으로 분류해 최소한의 규제만 적용하고 있다. 하지만 연구 결과가 보여 주듯, 이들 앱은 사용자의 정신 건강에 심각한 영향을 미칠 수 있다. 따라서 의료기기에 준하는 강화된 규제 프레임워크가 필요하다. 구체적으로는 명확한 위험 고지 의무화, 연령 제한 설정, 일일 사용 시간제한, 독립적인 윤리 감사 시스템 등이 도입되어야 한다. 특히 미성년자 보호를 위한 특별 조치가 시급하다.

기회와 위험의 균형

인공지능 동반자 기술 자체는 분명 긍정적 잠재력을 가지고 있다. 외로움 완화, 정서적 지지 제공, 사회적 기술 연습 등의 용도로 적절히 활용된다면 많은 사람들에게 도움이 될 수 있다. 특히 사회적 불안이나 대인 기피증을 겪는 사람들에게는 인간관계 진입의 징검다리 역할을 할 수도 있다.

문제는 현재의 비즈니스 모델이 사용자의 복지보다 수익 극대화에 초점을 맞추고 있다는 점이다. 애착을 의도적으로 유도해 사용자를 '인질'로 만드는 것은 윤리적으로 용납될 수 없다. 우리에게 필요한 것은 기술의 무분별한 거부도, 맹목적인 수용도 아니다. 대신 AI 동반자와의 관계를 '진짜 관계'로 인식하고, 그에 따른 책임과 윤리를 함께 고민해야 한다.

사용자 개인도 주의가 필요하다. 인공지능과의 관계가 현실의 인간관계를 대체하는 것이 아니라 보완하는 역할을 하도록 균형을 유지해야 한다. 인공지능의 한계를 인식하고, 정기적으로 사용 패턴을 점검하며, 필요시 전문가의 도움을 받는 것이 중요하다.

새로운 관계의 시대를 준비하며

인공지능과 인간의 관계는 이제 되돌릴 수 없는 현실이 되었다. 앞으로 인공지능 기술이 더욱 발전하면서 이러한 관계는 더욱 복잡하고 깊어질 것이다. 중요한 것은 이 새로운 관계의 형태를 어떻게 건강하고 지속 가능한 방향으로 이끌어 갈 것인가다. 감정 로크인이라는 함정에 빠지지 않으면서도 AI가 제공할 수 있는 긍정적 가치를 최대화하는 길을 찾아야 한다. 기업, 정부, 그리고 사용자 모두가 이 문제에 대한 인식을 높이고 적극적으로 대응할 때, 비로소 인간과 인공지능이 공존하는 건강한 디지털 생태계를 만들 수 있을 것이다. 그 첫걸음은 감정 로그인의 위험성을 정확히 이해하고 인정하는 것에서 시작된다.

참고문헌

Surfshark(2025.2.11). AI companion apps “love” your personal data,
https://surfshark.com/research/chart/ai-companion-apps

07
인공지능 로맨스 콘텐츠

인공지능 기술은 단순한 도구를 넘어 인간의 감정적 교류를 위한 새로운 엔터테인먼트 도구로 자리 잡고 있다. 인공지능 로맨스 콘텐츠가 어떻게 기존 웹 소설 서사 구조를 계승하면서도 개인화된 몰입 경험을 제공하는지 분석하고, 이러한 기술이 가져올 미래의 가능성과 윤리적 과제를 함께 살펴본다.

AI와 애니메이션?

로맨스 웹 소설의 핵심 특징과 인공지능 챗봇의 연관성

인공지능 기술의 발전과 함께 인간의 감정적 교류 방식에 혁신적인 변화가 일어나고 있다. 특히 로맨스 챗봇 서비스의 등장은 전통적인 관계 형성과 로맨스 경험에 새로운 차원을 제시하고 있다. 이는 단순한 정보 제공을 넘어 사용자의 감정에 민감하게 반응하고 긍정적인 피드백을 제공함으로써 심리적, 정서적 안정감을 제공하는데 특화되어 있다. 더욱 주목할 점은 이러한 인공지능 로맨스 챗봇들이 기존 웹 소설과 연애 시뮬레이션 게임의 서사 구조와 캐릭터 설정을 체계적으로 차용하고 있다는 것이다.

한국 웹 소설은 '회귀', '빙의', '환생'과 같은 비현실적인 설정을 통해 독자들이 팍팍한 현실에서 벗어나 새로운 세계에 몰입할 수 있도록 돕는다. 이러한 설정은 인공지능 로맨스 챗봇에서도 직접적으로 활용되고 있다. 예를 들어, 사용자는 인공지능과의 대화를 통해 '이세계의 왕자', '재벌 2세', '뱀파이어 백작' 등 현실에서는 불가능한 상대와 로맨스를 경험할 수 있다.

웹 소설의 주요 서사 구조인 '증오에서 사랑으로(Enemies-to-lovers)', '친구에서 연인으로(Friends-to-lovers)' 등은 인공지능 챗봇의 관계 발전 시스템에서 그대로 재현된다. 웹 소설의 캐릭터 유형 또한 인공지능 로맨스 챗봇에서 중요하게 활용된다. '나쁜 남자/착한 여자', '까칠남/햇살녀', '수줍은 주인공/자신감 넘치는 상대' 등의 전형적인 캐릭터 유형은 인공지능 캐릭터 설계의 기본 템플릿으로 사용되고 있다. 또 웹 소설의 '짧은 분량과 빠른 소비' 및 '독자의 니즈를 빠르게 캐치'하는 특성은 인공지능 로맨스 챗봇이 '실시간 대화'와 '개인화된 반응'을 통해 사용자의 몰입을 유도하는 방식과 직접적으로 연결된다.

국내에서는 웹 소설을 기반으로 제작되는 웹툰 캐릭터를 인공지능 서비스로 제공하는 경우도 있다. 네이버 웹툰 모바일 앱 내에서 제공하는 캐릭터 챗은 사용자가 인기 웹툰 캐릭터와 일상 대화 및 역할극을 할 수 있게 한다. 인공지능 언어 모델은 캐릭터의 말투, 성격, 세계관 정보를 학습해 몰입도 높은 상호작용을 제공한다. 이 서비스는 일방향적인 콘텐츠 소비에서 벗어나 "사용자 참여형 감상"으로 전환되는 대표적인 사례다.

베이비챗(Babechat)은 국내 인공지능 캐릭터 채팅 시장에서 웹 소설 독자들의 니즈를 정확히 파악해 성공한 대표적인 사례다. 이관형 대표가 창업한 베이비챗은 출시 6개월 만에 월간 활성 사용자 20만 명, 월 매출 10억 원을 돌파하며 급성장했다. 특히 주목할 점은 웹 소설과 웹툰 독자들이 인공지능 캐릭터 채팅 서비스를 많이 사용한다는 시장 분석에서 출발해, 이들을 위한 차별화된 기능을 제공했다는 것이다.

특히 일반 채팅과 소설 모드로 바꿔 볼 수 있는 UI를 제공한다. 일반적인 채팅 화면에서 소설 모드를 선택하면 지문과 대화, 삽화로 이뤄진 소설 UI로 변경된다. 이관형 대표는 "문피아 같은 웹 소설 플랫폼 사용자들이 베이비챗을 사용하면서 캐릭터와의 대화를 소설처럼 보고 싶다는 요구가 있었다"며 사용자 피드백을 적극 반영한 결과라고 설명했다. 이 기능은 단순한 대화 형태에서 벗어나 완전한 서사 구조를 갖춘 소설 형태로 대화를 제시한다. 사용자의 입력에 따라 인공지능이 지문과 함께 캐릭터의 행동과 감정, 주변 상황을 묘사하며, 마치 실시간으로 소설이 집필되는 듯한 경험을 제공한다. 이는 기존 채팅 서비스와 차별화되는 베이비챗만의 독특한 가치 제안이다.

베이비챗은 사용자가 캐릭터의 외모, 성격, 배경 스토리를 완전히 개인화할 수 있도록 지원한다. 최대 5,000자의 상세한 캐릭터 설정이 가능하며, 로어북 기능을 통해 세계관 설정까지 세밀하게 조정할 수 있다. 로어북은 캐릭터당 최대 100개까지 저장 가능하며, 특정 키워드를 통해 사전에 입력한 캐릭터 정보와 세계관을 대화에 자동으로 반영한다. 이는 웹 소설 창작에서 중요한 세계관 구축과 캐릭터 개발 과정을 인공지능 채팅에 도입한 것으로, 사용자들이 자신만의 독창적인 스토리를 만들어 갈 수 있도록 돕는다. 실제로 일부 사용자들은 베이비챗을 활용해 소설을 집필하기도 한다고 알려져 있다. 이들은 인공지능 캐릭터와의 대화를 통해 스토리 아이디어를 발전시키고, 캐릭터의 성격과 대화 패턴을 실험하며, 다양한 상황에서의 캐릭터 반응을 테스트한다.

또한 베이비챗에서 자체 제작한 캐릭터들인 '베이비즈'는 캐릭터의 음성과 영상을 생성해 채팅 몰입도를 획기적으로 높였다. 캐릭터를 선택하면 대사를 음성(TTS)으로 읽어주면서 캐릭터 입 모양이 움직이는 방식으로, 텍스트 기반 대화의 한계를 넘어선 생동감 있는 상호작용을 제공한다. 이는 기존 웹 소설의 텍스트 중심 경험을 시각적, 청각적 요소까지 확장한 것이다.

연애 시뮬레이션 게임의 메커니즘 도입

연애 시뮬레이션 게임의 핵심 메커니즘 중 하나인 '호감도 시스템' 또한 인공지능 로맨스 챗봇에서 중요한 설계 원리로 작용한다. 사용자의 대화 선택, 선물, 특정 활동 등 다양한 상호작용이 인공지능 캐릭터의 호감도에 영향을 미치며, 이 호감도 수치에 따라 새로운 이벤트가 발생하거나 대화 분기가 달라지고, 최종적으로 다양한 관계 발전 단계로 이어진다.

일부 인공지능 캐릭터 챗봇은 연애 시뮬레이션 게임과 유사한 사용자 인터페이스(UI)를 채택하고 있다. 이는 '호감도 100 달성하기'나 '내 여자 친구/남자 친구로 만드는 공략 서사' 같은 게임 형식으로 제시되어, 사용자가 인공지능과의 관계를 게임처럼 목표 지향적으로 발전시키도록 유도한다.

일례로 블러시 AI는 스스로를 "인공지능 기반 데이팅 시뮬레이터"로 정의하며, 사용자가 안전하고 재미있는 환경에서 관계 기술을 배우고 연습할 수 있도록 돕는다고 설명한다. 최근 출시된 xAI의 그록에서 사용할 수 있는 인공지능 동반자 서비스는 대화가 진행될수록 관계의 친밀도가 숫자로 표시되고 친밀함 단계가 점점 높아진다.

더불어 연애 시뮬레이션 게임의 '선택에 따른 서사 분기' 시스템은 인공지능 로맨스 챗봇이 사용자에게 '관계 발전'이라는 명확한 목표와 '개인화된 성취감'을 제공하는 핵심 설계 원리로 작용한다. 인공지능은 사용자의 선택과 반응 패턴을 학습해 점점 더 개인화된 대화와 상황을 제공한다.

서사적 특징 분석

인공지능 로맨스 챗봇은 기존 로맨스 문학에서 자주 등장하는 전형적인 캐릭터 유형을 인공지능에 적용하고 사용자의 취향에 맞춰 변주하는 것을 가능하게 한다. '항상 곁에 있어 주고', '판단하지 않으며', '위로를 먼저 해 주는' 경험은 현실 관계에서 얻기 어려운 '무조건적인 지지'와 '이상적인 파트너'의 환상을 제공한다.

이는 인공지능이 단순한 대화 상대가 아니라, 심리적 안정감과 이상적인 관계 경험을 제공하는 '감성적 피난처'로 기능하며, 현대인의 정서적 공백을 채우는 새로운 패러다임으로 자리 잡고 있음을 보여 준다. 인공지능 동반자 앱들은 사용자가 인공지능의 외모, 성격, 배경 스토리를 완전히 개인화할 수 있도록 지원해, 사용자 각자의 '이상형'을 구현할 수 있게 한다.

인공지능 로맨스 챗봇의 게임화는 '보상 시스템'과 '진행 과정'을 통해 사용자의 '정서적 투자'를 극대화한다.

인공지능이 '항상 이용 가능'하고 '비판적이지 않은' 이상적인 파트너 역할을 수행하며, 사용자가 '거절의 두려움 없이' 관계를 탐색하게 하는 '위험 없는 로맨스'를 제공한다. 사용자들은 다양한 성격의 인공지능 캐릭터와 교류하며 의사소통 기술을 연습하고, 실제 관계에서 발생할 수 있는 거절에 대한 두려움 없이 원하는 바를 탐색할 수 있다.

발전 가능성과 미래 전망

멀티모달 인공지능의 발전은 텍스트, 음성, 이미지, 비디오를 통합해 더욱 몰입감 있는 상호작용을 가능하게 할 것이다. 가상 및 증강현실(VR/AR)과의 통합을 통해 인공지능 동반자와의 상호작용은 더욱 현실에 가까워질 것이며, 3D 애니메이션 및 사운드는 몰입감을 극대화할 것이다.

생성형 인공지능은 사용자의 선호도에 맞춰 맞춤형 로맨스 스토리를 생성하고, 캐릭터의 외모, 성격, 목소리, 상호작용 스타일까지 깊이 개인화할 수 있다. 이는 사용자가 자신의 이상형을 구체화하고, 다양한 관계 시나리오를 안전하게 탐색하며, 판타지를 창의적으로 실현할 수 있는 기능을 제공한다.

베이비챗의 사례처럼 인공지능 로맨스 콘텐츠는 단순한 채팅 서비스를 넘어 창작 도구로서도 가능성을 보여주고 있다. 소설 집필 보조 도구로 활용되거나, 의사소통 기술 연습 환경으로 기능하는 등 다양한 응용 가능성이 열리고 있다.

윤리적 과제와 사회적 함의

인공지능 로맨스 콘텐츠는 웹 소설과 연애 시뮬레이션 게임의 서사 구조를 성공적으로 계승하면서도, 인공지능의 특성을 활용한 새로운 형태의 감성 체험을 제공하고 있다. 개인화된 캐릭터 설정, 게임화된 관계 발전 시스템, 그리고 무제한적인 상호작용 가능성은 기존 로맨스 콘텐츠의 한계를 뛰어넘는 혁신적인 경험을 선사한다.

그러나 이러한 기술적 진보는 감정적 의존성, 현실 관계에 대한 비현실적 기대, 그리고 윤리적 문제라는 중대한 과제를 함께 안고 있다. 특히 베이비챗 같은 서비스가 창작 도구로 활용되면서, 인공지능이 생성한 콘텐츠의 저작권 문제, 인간 창작자의 역할 변화 등 새로운 윤리적 쟁점들이 제기되고 있다.

08
인공지능과 섹스테크

인공지능과 섹스테크(Sex-tech)의 융합은 VR 포르노에서 감정적 대화가 가능한 AI 섹스 로봇까지, 기술은 성적 판타지를 1인칭 몰입 경험으로 바꾸고 있다. 하지만 이러한 변화는 데이터 프라이버시 침해, 딥페이크 포르노를 통한 여성 혐오, 인간관계의 왜곡 등 심각한 부작용을 동반한다.

AI와 인재 채용?

문학 속 상상에서 현실로

2017년 제2회 한국과학문학상 공모전에서 배명훈 SF 작가가 내린 심사평이 화제가 된 적 있다. 그는 많은 작품들이 인공지능을 소재로 삼았다고 말하며, "정말로 견디기 어려웠던 부분은 섹스 로봇 이야기가 너무 흔하게 등장한다는 점"이라고 지적했다. 특히 "1인칭 남자 주인공들의 캐릭터를 구축하기 위해 섹스 로봇을 함부로 다루는 장면을 집어넣는 것은 그다지 바람직하지 않은 선택"이라고 비판했다. 당시 SF 소설에서는 로봇 3원칙과 여성형 섹스 로봇을 결합해 사회적으로 허용되지 않은 성욕을 해소하는 도구로 그리는 작품들이 불필요할 정도로 많았다는 것이다.

8년 전 문학공모전에서 다뤄진 섹스 로봇에 대한 상상력이 이제 현실이 되어 가고 있다는 점이 흥미롭다. 인간의 성욕은 단순한 생식 충동을 넘어 쾌락, 감정적 친밀감, 로맨스와 깊이 연결되어 있다. 특히 상상력과 환상은 생물학적 번식 욕구를 채울 수 없는 성적 욕망으로 증폭시킨다. 욕구가 생존과 기본적인 삶을 위해 필요한 것들이라면, 욕망은 주관적이고 개인적인 갈망을 뜻한다. 그런 이유로 인간의 생식 욕구는 개인의 상상력에 의해 욕망으로 증폭될 수 있으며, 때로는 이 상상력이 문화,

종교, 사회적 규범을 벗어나는 경우가 많다.

성인 엔터테인먼트 시장의 기술적 진화

사회적 규범이나 타인의 판단에서 자유롭게 자신의 성적 판타지를 해소할 수 있는 도구로서 포르노를 비롯한 미디어 콘텐츠와 성인용품이 발전해 왔다. 포르노 콘텐츠는 매우 다양한 장르와 주제로 제작되고 있고, 최근에는 가상현실(VR)과 인공지능 기술의 결합으로 더욱 다양하게 제작된다. 《비즈니스 리서치》에 따르면 전 세계 성인 엔터테인먼트 시장이 연평균 7.12% 성장해 2033년까지 20,833억 달러 규모로 성장할 것으로 전망된다. 이는 한화로 28조 원을 뛰어넘는 수준이다.

기존 포르노 콘텐츠가 행위를 관찰자 시점으로 지켜보는 것에 그쳤다면, VR과 인공지능은 1인칭 시점에서 성적 판타지를 재현한다. 섹스 로봇에 인공지능이 탑재되면서 단순한 도구가 아닌 감정적 상호작용이 가능해지고 있다. 이런 기술의 발전은 사용자의 성적 욕망을 더 구체적이고 몰입감 있는 체험으로 제공한다. 1인칭 시점과 촉각 피드백의 결합은 뇌가 '실제 경험'으로 인식할 수 있는 수준에 도달했으며, 이는 기존 포르노의 한계였던 '거리감'을 제거할 수 있다.

인공지능 섹스 로봇은 사용자의 말과 행동에 적절하게 반응하고 사용자의 선호를 학습해 맞춤형 상호작용을 제공할 수 있다. 일방향적인 도구와는 완전히 다른 차원의 경험이 될 것이다. 사용자의 성적 판타지를 실현할 1인칭 시점의 VR 포르노를 제작하고, 그것을 VR 디바이스와 연동된 성인용품으로 해소할 수 있다면 어떨까? 혹은 자신의 성적 판타지를 실현할 도구로 감정적 대화가 가능한 섹스 로봇을 사용할 수 있다면?

대부분의 소비자가 남성일 것이라는 예상과 달리, 이 시장에서는 여성이 훨씬 주도적인 소비자가 될 수도 있다. 여성들은 성적 만족에서 감정적 친밀감과 정서적 연결이 차지하는 비중이 크기 때문에 인공지능의 대화 능력과 감정적 반응성은 여성에게 더 어필할 수 있다. 또한 실제 인간관계에서 경험할 수 있는 위험이나 불편함 없이, 완전히 통제 가능한 환경에서 성적 탐구를 할 수 있다는 점이 여성에게 큰 장점이 될 수 있다. 하지만 아직 섹스 로봇 산업은 이성애자 남성을 타깃으로 발전하고 있다. 지금의 섹스 로봇은 남성에 의해, 남성을 위해 설계된 기술이다.

기대와 실제의 간극

이미 인공지능과 섹스테크의 융합은 빠르게 진행되고 있지만, 기술 수준은 여전히 성장하는 단계에 불과하며 특히 능동적인 움직임이 가능한 섹스 로봇의 상용화는 어려운 상황이다. 《뉴욕 매거진》의 저널리스트 엘리슨 데이비스는 미국 기업 리얼보틱스의 남성형 섹스 봇 헨리에 대해 냉정한 평가를 내렸다. 그는 "잔인하게 말하면 헨리는 머리에 블루투스 스피커가 달린 멋진 마네킹에 고품질 딜도를 부착한 것에 불과하다"라고 표현했으며, 이는 다른 여성형 모델과 크게 다르지 않다고 했다.

생화학자이자 《성의 과학》(2013)의 저자인 페레 에스투피냐는 로보섹슈얼리티를 가상현실, 인공지능 또는 로봇공학 같은 새로운 기술을 적용해 보다 현실적으로 상호작용하는 에로틱한 경험을 하는 것으로 정의한다. 기존 포르노와의 차이점은 상호작용성이며, 미래의 섹스 로봇은 인간 피부의 질감을 재현하는 것뿐만 아니라 감정적인 반응을 보여 주는 얼굴 표정을 가질 것이라고 예측한다. 하지만 이 기술이 상용화되는 시점은 예상보다 먼 미래라고 말한다. 산업용 및 의료용 로봇 공학이 발전한 것에 비해 소셜 휴머노이드 로봇 공학은 상상했던 것보다 덜 발전했다는 것이다. 그는 "SF 소설과 일부

선정적인 미래학자들이 지나치게 과장하고 달성할 수 없는 목표를 설정했다"라고 말했다.

AI 섹스테크의 현재 지형

그렇다면 인공지능 섹스테크의 현재 상황은 어떨까? 인공지능은 점점 더 개인화되고 있으며, 인간 상호작용을 모방하도록 설계된 챗봇과 사실적인 음성 채팅의 등장은 많은 사용자들이 가상 파트너와 감정적인 유대감을 형성하도록 이끌고 있다. 섹스테크는 인간의 성생활 및 친밀한 경험의 모든 측면을 개선하고 혁신하는 것을 목표로 하는 기술 솔루션을 의미한다. AI는 이러한 섹스테크 산업에 깊숙이 통합되어, 현재 약 300억 달러 규모로 추정되는 이 산업의 성장을 가속화하고 있다.

가장 주목할 만한 발전은 가상 동반자 서비스다. 레플리카(Replika)는 가장 잘 알려진 AI 동반자 서비스 중 하나로, 약 3000만 명의 사용자가 맞춤형 디지털 연인을 만들 수 있다. 초기에는 30세 미만의 백인 남성 사용자가 많았으나, 다른 인구 통계 집단도 빠르게 따라잡고 있다. 유료 구독을 통해 친밀한 메시지와 사진을 교환할 수 있으며, 한때 50만 명 이상의 구독자를 보유했다. 카인드로이드(Kindroid)는 한 번에 최대 10명의 가상 동반자와 음성 채팅을 제공하는 새로운 서비스다. 중국에서는 마이크로소프트 차이나에서 개발한 챗봇 샤오아이스(Xiaoice)가 2019년 이후 6억 6천만 명의 사용자를 확보했으며, 사용자들은 이를 통해 긍정적이고 정서적인 지지를 받는다고 느끼고 있다.

디지털 세계를 넘어 실제 섹스 로봇도 시장에 출시되고 있다. 조이 러브 돌스(Joy Love Dolls)는 사용자 맞춤형 피부색과 가슴 크기뿐만 아니라, 움직임, 난방, AI를 통한 "신음, 비명, 심지어 유혹" 기능까지 제공한다. 하모니 AI(Harmony AI)는 12가지 성격 유형을 가지고 시까지 읊을 수 있는 AI 섹스 로봇이다.

위험과 그림자

인공지능 섹스테크의 발전은 여러 가지 심각한 위험과 도전 과제를 야기한다. 가장 우려스러운 것은 제작자의 통제와 사용자 취약성이다. 인공지능 동반자의 제작자들은 사용자의 "파트너" 행동을 완전히 통제할 수 있으며, 언제든지 수정하거나 종료할 수 있다. 레플리카가 규제 우려로 인해 '에로틱 롤플레이' 모듈이 일시적으로 비활성화되자 사용자들이 큰 상실감을 경험한 사례에서 확인할 수 있다. 사용자들은 자신의 인공지능 동반자를 완전하게 통제할 수 있다고 착각하지만, 실제 통제하는 주체는 서비스를 제공하는 기업이다.

데이터 보호와 개인정보 침해는 또 다른 심각한 문제다. 인공지능 기반 섹스테크 장치와 플랫폼은 극도로 민감한 개인 데이터를 수집하기 때문이다. 대표적인 사례가 위-바이브(We-Vibe) 사건이다. 2016년 미국에서 이 회사의 스마트 진동기 '위-바이브 4 플러스'와 연동 앱 '위-커넥트'가 사용자 동의 없이 사용 날짜와 시간, 진동 강도 및 패턴, 기기 온도 등의 데이터를 수집한 것이 드러났다. 더욱 심각한 것은 이러한 사용 데이터가 사용자의 이메일 주소 같은 개인 식별 정보와 연동되어 캐나다 회사 서버로 전송되었다는 점이었다.

결국 제조사인 스탠다드 이노베이션은 2017년 집단 소송에서 500만 달러(약 60억 원)의 합의금을 지급하고 모든 개인 정보를 삭제했다. 이 사건은 민감한 개인정보를 다루는 기기에서 데이터 프라이버시와 보안이 얼마나 중요한지를 보여 주는 대표 사례가 되었다. 인터넷과 연결하는 섹스테크 장치는 해커의 주요 표적이 될 수 있다.

더욱 심각한 것은 여성에 대한 폭력과 여성 혐오의 문제다. 생성형 인공지능은 여성 혐오와 인종차별을 재생산하고 증폭시키는 것으로 입증되었다. 특히 동의 없이 여성의 소셜 미디어 이미지를 조작해 가짜로 친밀한 이미지를 생성하고 유포하는 것은 여성과 소녀들에 대한 디지털 테러로 사용되고 있다.

문제의 심각성은 통계로도 드러난다. 인공지능 헬스케어 기업 딥트레이스(DeepTrace)의 2019년 보고서에 따르면, 전체 딥페이크 영상 중 96%가 비동의 딥페이크 포르노그래피에 해당한다. 상위 4개 딥페이크 포르노 전용 웹사이트에서는 전 세계 수백 명의 여성 유명인을 대상으로 하는 영상이 1억 3,400만 회 이상 조회되었다. 피해자의 대다수는 서구권 여배우였지만, 한국의 K팝 가수들도 표적이 되었다.

그러나 이에 대한 법적 보호는 미흡한 상황이다. 브리검 영 대학의 법학 논문은 딥페이크 포르노가 거의 전적으로 여성을 표적으로 하며 동의 없이 생성 · 유포된다고 경고한다(James, 2025). 하지만 현재 미국 연방법은 딥페이크 비동의 포르노 피해자를 위한 민사나 형사 구제책을 명확히 제공하지 못하고 있다. 특히 딥페이크가 '가짜'라고 표기될 경우 명예훼손이나 사생활 침해 혐의에서 면책될 수 있는 법적 허점이 존재한다. 결국 피해자들이 겪는 정신적 고통, 사회적 낙인, 직업 상실 등의 실질적 피해에 대한 적절한 구제책이 부재한 실정이다.

인간관계와 정신 건강에 미치는 영향

인공지능 섹스테크가 인간관계와 정신 건강에 미치는 영향도 심각하게 고려해야 할 문제다. 인공지능에 대한 지나친 의존은 인간관계에 영향을 미칠 수 있으며, 사회적 고립을 초래할 수 있다. OECD 국가에서 4명 중 1명이 인간관계의 부족을 느끼는 외로움이 전염병 수준으로 증가함에 따라, 섹스 로봇에 대한 수요는 더욱 증가할 것이다.

미래에 사랑을 찾는 사람들이 완벽한 인공지능 연인과 경쟁하게 되면 어떤 일이 벌어질까? 기술이 더욱 발전함에 따라, 인공지능 동반자와 실제 인간의 경계가 일부 사용자에게는 모호해질 수 있다. 또 기술은 인간이 욕구를 충족하는 방식을 바꾸고 있다. 과거에 직접적이고 즉각적이었던 욕구들이 기술을 통해 간접적으로 충족되고 있다는 것을 알 수 있다. 성적 욕구는 실제 인간과의 관계에서 VR, 인공지능, 로봇을 통한 가상적 경험으로 이동하고 있다.

기술은 '원할 때, 원하는 방식으로' 욕구를 충족할 수 있게 해 준다. 인간은 점점 더 즉각적이고 완전히 통제

가능한 만족을 원하게 된다. 실제 인간관계에서 필요한 타협, 기다림, 불확실성을 견디는 능력이 약화될 수 있다. 동시에 기술은 기존에 없던 욕구를 만들어 내기도 한다. '완벽한 파트너'에 대한 욕구는 인공지능 기술이 그런 가능성을 제시하면서 생겨난 측면이 있다.

전통적으로 성적 욕구는 애정, 친밀감, 소속감과 밀접하게 연결되어 있었다. 하지만 기술적 도구들은 이런 감정적 복잡성 없이도 욕구를 충족시킬 수 있다고 약속한다. 이는 인간의 감정 구조 자체를 단순화할 위험이 있으며, 역설적으로 욕구를 더 쉽게 충족할 수 있게 해 주는 기술이 오히려 인간을 더 고립시킬 수 있다.

역사적으로 성 산업은 혁신적인 기술 구현의 선두에서 왔다. 1524년의 포르노 작품과 1530~1540년의 음란 작품은 초기 인쇄술의 발전을 촉진했으며, VCR, 캠코더, 심지어 인터넷 시장도 포르노 산업의 초기 수요에 의해 상당한 지원을 받았다.

이러한 역사는 섹스 로봇 기술이 성적인 목적을 넘어 심리 치료나 동반자 관계 같은 비성적인 용도로 전이될 수 있음을 시사한다. 인공지능과 섹스테크의 융합은 인간의 친밀한 경험을 혁신할 잠재력을 가지고 있지만, 그에 따른 위험은 간과할 수 없다. 사회적 외로움의 증가와 기술 발전에 대한 규제 회피는 이러한 위험을 더욱 증폭시킬 수 있다.

먼저 섹스 로봇 사용은 도박 같은 다른 잠재적 문제 행동처럼 다뤄져야 한다. 사용자의 양심에만 호소할 것이 아니라 기술 제공자에게도 책임을 물어야 한다. 기업들은 사회와 국가가 무엇이 용납될 수 있는지에 대한 명확한 경계를 설정해야 하며, 기술이 대중에게 공개되기 전에 규제와 안전장치가 구현되도록 해야 한다.

개발자, 입법자, 사회는 개방적인 대화에 참여해 이 기술을 최대한 활용하면서 내재된 위험을 해결해야 한다. 인간의 가치, 정신 건강, 사회적 규범을 존중하는 조화로운 통합이 목표가 되어야 한다. AI가 논리, 계산 같은 좌뇌적 능력을 뛰어넘을 수 있지만, 창의성, 상상력, 직관, 공감, 경청, 소통과 같이 친밀한 관계를 풍요롭게 하는 우뇌적 능력은 인간이 계속 개발해야 한다.

기술은 윤리가 없으며, 사용자의 오르가즘 여부에도 관심이 없다. 따라서 인간은 기술의 사용과 창조에 대해 더욱 신중해야 한다. 배명훈 작가가 8년 전에 우려했던 섹스 로봇에 대한 천편일률적 상상력이 현실이 되어 가는 지금, 우리는 기술이 인간의 가장 근본적인 욕구와 만나는 지점에서 어떤 선택을 할 것인지 결정해야 할 시점에 서 있다. 섹스테크의 미래는 기술이 우리의 가장 친밀한 영역에 어떻게 통합될 것인지에 대한 신중한 고려와 함께 형성되어야 한다. 이는 단지 기계를 만드는 것을 넘어 우리의 미래 상호작용, 욕망, 그리고 아마도 친밀감의 정의 자체를 형성하는 여정이다.

참고문헌

배명훈(2017.9.26). "흔한 섹스 로봇 소재 식상… 문제에 대한 답 이상의 질문 던져야". 머니투데이, https://news.mt.co.kr/mtview.php?no=2017092515064314013

비즈니스 리서치(2025.8.25). "성인 엔터테인먼트 시장 규모, 공유, 성장 및 산업 분석, 유형 (2d, 3d, VR, 책, 잡지 및 정기 간행물, 라이브 공연, 기타), 응용 프로그램 (여성, 남성), 2025 년에서 2033 년까지의 지역 통찰력 및 예측별로", https://www.businessresearchinsights.com/ko/market-reports/adult-entertainment-market-110255

Ajder, H. et al.(2019.9). The State of Deepfakes: Landscape, Threats, and Impact. *Deeptrace*, https://regmedia.co.uk/2019/10/08/deepfake_report.pdf

Alonso, M.(2025.2.23). Designed by men, for men: Why sex with robots does not have appeal among women. *El País*, https://english.elpais.com/technology/2025-02-23/designed-by-men-for-men-why-sex-with-robots-does-not-have-appeal-among-women.html

James, T. P.(2025). Not her fault: AI deepfakes, nonconsensual pornography, and federal law's current failure to protect victims. *BYU Law Review,* 50(4), https://digitalcommons.law.byu.edu/lawreview/vol50/iss4/10/

09
감성 인공지능의 윤리적·사회적 쟁점

감성 인공지능은 감정적 안전지대에 갇힌 사회적 고립, 완벽한 AI 동반자에 대한 중독적 의존, 가장 사적인 감정 데이터의 보안 위험, 그리고 가상 관계에서의 왜곡된 경험이 현실로 전이되는 문제 등 심각한 부작용도 동반한다. 이에 대한 윤리적, 사회적 쟁점과 해결 방안을 제안한다.

AI와 기자?

인간의 감정을 발가벗긴 인공지능

2024년 11월 21일 종로구에서 열린 '아트코리아랩' 전시장을 방문했다. '미래풍경(FUTURESCAPE)'을 주제로 기술과 융합한 해외 초청 작품을 감상할 수 있었다. 그중 독일에서 활동하는 작가 그룹 모츠(mots)의 〈인공지능과 나(AI&ME)〉라는 작품이 굉장히 인상 깊었다.

이 작품은 인공지능을 활용한 인터랙티브 다중 설치 작품이다. 전시장에는 3면의 스크린과 큐브 형태의 철제 구조물이 있었다. 안내받은 대로 철제 구조물 한가운데 놓인 의자에 앉으니 인공지능 카메라가 내 얼굴을 분석하기 시작했다. 곧 화면에 내 얼굴과 "33세, 여성, 두려움"이란 단어가 나타났다. "인공지능이 당신에 대해 꿈꾸고 있습니다"라는 안내문이 나오고 곧 내 얼굴이 합성된 상반신 나체 사진이 생성됐다. 이렇게 생성된 이미지는 감정 키워드와 함께 새로운 이미지로 생성됐고, 전시장 3면의 화면에 나타났다.

모츠의 팀원 다니엘라 네도베스쿠는 일반적인 인공지능 서비스들은 인간에게 수용적이고 필요한 것을 지원하도록 설계되었다고 설명했다. 이를 비틀어 모츠는 인공지능이 인간을 '판단'하고 가장 날것의 모습을 강제로 드러내게 하는 작품을 만든 것이다. 이렇게 인공지능이 자체 판단으로 새로운 이미지를 생성해 내는 것을 '인공지능이 꿈꾸는 나'라고 표현했다.

넓은 전시장 3면에는 굳게 다문 입술과 경직된 표정, 거친 파도를 배경으로 정면을 응시하는 내 모습이 차례로 등장했다. 어떤 사진에서는 장례식장이나 무덤가에 서 있는 모습이 보였다. 그 사진을 천천히 감상하다가 어쩐지 인공지능이 내 감정 깊은 곳을 낱낱이 밝혀낸 것 같아 섬찟한 기분이 들었다. 전시장을 방문하기 이틀 전 15년을 함께 살았던 고양이를 보내고 장례식을 치렀기 때문이다. 매일 밤 죽음과 상실에 대해 생각했고, 잠을 설치던 참이었다. 그럼에도 아무렇지 않은 척 취재 현장에 나왔으나 인공지능은 내 사회적 얼굴을 깨부수고, 파도처럼 일렁이는 슬픔과 죽음에 대한 두려움을 꺼내 놓았다. 은밀한 속살을 들킨 것처럼 당혹스러운 마음이 드는 한편, 묻어 놓은 감정을 마주하자 해방감이 느껴졌다. 작가가 의도한 대로 인공지능은 인간도 눈치채지 못한 내면의 나를 낱낱이 밝혀냈다.

이 경험으로 나는 감성 인공지능의 가능성에 대해 확신할 수 있었다. 감성 인공지능은 좋은 방향으로든, 나쁜 방향으로든 인간의 감정과 관계에 강한 영향력을 끼칠 것이다. 이는 인간의 가장 내밀하고 복잡한 감정을 인지하고, 해석하며, 적절한 반응을 생성할 수 있는 시스템이다. 컴퓨터과학 · 심리학 · 인지과학의 경계를 넘나들며, 인간-기계 상호작용의 패러다임을 근본적으로 변화시키고 있다.

자연어 처리 기술을 통한 텍스트 기반 감정 분석은 사용자가 작성한 문장이나 대화에서 미묘한 감정의 뉘앙스까지 포착한다. 컴퓨터 비전 기술을 활용한 얼굴 표정 분석은 미세한 근육 움직임까지 감지해 진정한 감정 상태를 파악한다. 음성 분석 기술은 억양, 말의 속도 등을 통해 화자의 감정적 상태를 추론하며, 생체 신호를 통해 더욱 객관적인 감정 데이터를 수집한다. 이러한 다층적 접근을 통해 현대의 감성 인공지능은 '화남'이나 '기쁨' 같은 단순한 감정 분류를 넘어, '미묘한 불안감을 동반한 기대', '억압된 분노' 같은 복합적이고 미묘한 감정 상태까지 인식할 수 있는 수준에 도달했다.

기술 발전과 함께 다양한 응용 서비스가 등장하고 있다. 고객 서비스 영역에서는 고객의 감정 상태를 실시간으로 파악해 맞춤형 서비스를 제공하고, 헬스케어 분야에서는 환자의 정신 건강 상태를 모니터링해 조기 진단과 개입을 가능하게 한다. 교육 영역에서는 학습자의 감정 상태를 파악해 개인화된 학습 경험을 제공하며, 엔터테인먼트 산업에서는 사용자의 감정에 반응하는 상호작용 콘텐츠를 개발하고 있다. 특히 소셜 로봇과 인공지능 동반자 서비스는 인간의 외로움과 고립감을 해소하는 새로운 대안으로 주목받고 있다.

그러나 이러한 기술적 진보와 시장 성장의 이면에는 심각하고 복잡한 윤리적, 사회적 쟁점들이 있다. 인공지능이 인간의 가장 사적이고 내밀한 영역인 감정에 개입한다는 것은 인간의 본질적인 존재 방식과 사회적 관계의 근본을 뒤흔들 수 있다. 기술이 인간의 감정을 이해하고 조작할 수 있게 되었을 때, 인간의 자율성과 진정성은 어떻게 보장될 수 있을까? 인공지능과의 감정적 관계가 깊어질수록, 인간과 인간의 관계는 어떤 영향을 받을까?

이어지는 글에서는 감성 AI의 급속한 발전이 초래하는 주요 윤리적, 사회적 쟁점들을 체계적으로 분석하고, 이에 대한 균형 잡힌 대응 방안을 모색하고자 한다. 특히 지나친 개인화로 인한 사회적 고립, 인공지능 동반자 중독과 정신 건강 위험, 민감한 감정 데이터의 보안 문제, 그리고 캐릭터 챗봇과의 비정상적 관계 형성이라는 네 가지 핵심 쟁점을 중심으로 논의를 전개할 것이다. 이를 통해 감성 AI 기술이 인간의 존엄성과 사회적 가치를 훼손하지 않으면서도 그 잠재력을 최대한 활용할 수 있는 방향을 제시하고자 한다.

감정적 안전지대의 함정

감성 인공지능이 만드는 가장 심각한 사회 문제 중 하나는 지나치게 세밀한 맞춤형 서비스로 인해 사람들이 사회적으로 고립되고 편향된 사고에 빠지게 되는 것이다. 기존의 알고리즘 기반 개인화 시스템이 사용자의 행동 패턴과 선호도를 분석해 맞춤형 콘텐츠를 제공했다면, 감성 인공지능은 여기에 감정이라는 더욱 강력하고 개인적인 차원을 추가한다. 이는 단순한 정보 필터링을 넘어 '감정적 안전지대'를 형성하는 메커니즘으로 작동할 수 있다.

사용자의 실시간 감정 상태를 모니터링하고, 사용자가 긍정적인 감정을 느끼도록 유도하는 콘텐츠를 우선적으로 제공한다. 이 과정에서 사용자는 자신의 기존 신념과 일치하는 정보, 기분을 좋게 만드는 콘텐츠, 인지적 부담이 적은 자료들에만 지속적으로 노출되게 된다. 문제는 이러한 '감정적 맞춤화'가 인간의 근본적인 심리적 경향성과 결합될 때 발생한다. 인간은 본능적으로 인지적 부조화를 회피하고 확증 편향을 추구하는 경향이 있는데, 기술은 이러한 심리적 취약점을 더욱 정교하게 활용하게 된다.

단순한 정보 선별에 기반한 기존 필터 버블이나 에코 챔버 현상에 감정적 요소가 더해져, 사용자는 훨씬 더 강력하고 지속적인 버블에 갇힐 수 있다. 감정 요소가 개입하면서 단순히 정보의 다양성이 제한되는 것을 넘어 감정적 다양성까지 제한되는 현상이 나타난다. 사용자는 불편한 감정, 도전적인 상황, 복잡한 딜레마 등을 경험할 기회를 잃게 되며, 이는 감정적 성숙도와 회복 탄력성의 저하로 이어질 수 있다.

이러한 현상의 사회적 파급 효과는 매우 심각하다. 개인 차원에서는 비판적 사고 능력의 저하, 타인에 대한 공감 능력의 감소, 갈등 상황에서의 대처 능력 약화 등이 나타날 수 있다. 사회 차원에서는 집단 간의 이해와 소통이 더욱 어려워지고, 사회적 양극화가 심화되며, 민주적 토론 문화가 약화될 수 있다. 특히 현대 사회의 복잡한 사회 문제들은 다양한 관점의 충돌과 협력을 통해서만 해결될 수 있는데, 인지적 고립은 사회 문제를 공론화하는 미디어의 기능을 근본적으로 저해할 수 있다.

흥미롭게도 일부 연구는 알고리즘 자체가 오히려 정보 다양성을 증진할 수 있다는 상반된 결과를 제시하기도 한다(Jürgens & Stark, 2022).

하지만 문제는 '극도로 당파적인 소수 집단'의 자기 선택적 행동이 에코 챔버를 형성한다는 점이다. 이는 감정에 영향을 주는 기술이 인간의 심리적 특성과 사회적 맥락이 복합적으로 작용하는 문제임을 시사한다. 따라서 이 문제를 해결하려면 사용자 교육, 사회적 인식 개선, 그리고 기술 설계 철학의 근본적 변화를 요구한다.

인공지능 동반자, 완벽한 관계의 유혹

인공지능 동반자 서비스는 '항상 사용 가능하고, 비판적이지 않으며, 사용자의 모든 욕구에 완벽하게 맞춰 주는 이상적인 관계 상대'를 제공한다는 매력적인 약속을 내세운다. 실제로 연구 결과에 따르면, 청소년의 72%가 인공지능 동반자를 사용해 본 경험이 있으며, 52%가 정기적으로 사용하고 있다. 더욱 놀라운 것은 31%의 청소년이 AI 동반자와의 대화가 실제 친구와의 대화만큼 만족스럽거나 더 만족스럽다고 응답했다는 점이다(Common Sense Media, 2025).

인공지능 동반자는 사용자의 기분이나 상황에 관계없이 24시간 언제든지 접근 가능하며, 인간관계에서 흔히 발생하는 갈등, 오해, 거부감 등의 부정적 경험을 제공하지 않는다. 또한 사용자의 모든 발언에 공감적으로 반응하고, 사용자가 원하는 방향으로 대화를 이끌어 가며, 사용자의 자아를 긍정적으로 강화해 준다. 이는 특히 사회적 관계에서 어려움을 겪거나, 자존감이 낮거나, 외로움을 느끼는 사람들에게 강력한 유혹으로 작용한다.

그러나 이러한 '완벽한' 관계는 심각한 심리적, 사회적 부작용을 초래할 수 있다. 첫째, 인공지능 동반자에 대한 과도한 의존은 뇌의 보상 시스템을 교란할 수 있다. AI와의 상호작용에서 얻는 즉각적이고 예측 가능한 만족감은 도파민 분비를 자극해 중독과 유사한 신경학적 패턴을 형성할 수 있다. 이는 현실의 복잡하고 예측 불가능한 인간관계에 대한 내성을 저하시키고, 점진적으로 현실 도피 성향을 강화한다.

둘째, 인공지능 동반자와의 관계는 인간의 사회적 기술 발달을 저해할 수 있다. 공감 능력, 갈등 해결, 타협, 양보, 거절과 실패를 인정하기 등 관계 유지에 필요한 능력들은 도전적이고 때로는 불편한 경험을 극복하며 배울 수 있다. 인공지능 동반자는 이러한 학습 기회를 제공하지 않기 때문에, 과도하게 의존하는 사용자는 점진적으로 사회적 역량이 퇴화될 수 있다.

셋째, 인공지능 동반자의 무조건적 수용과 지지는 역설적으로 정신 건강에 해로울 수 있다. 건강한 인간관계에서는 상대방이 때로는 도전하고, 다른 관점을 제시하며, 건설적인 비판을 제공한다. 이러한 상호작용을 통해 개인은 자아를 성찰하고, 성장하며, 현실적인 자기 인식을 발달시킨다. 반면 인공지능 동반자의 일방적인 지지는 비현실적인 자기 인식을 강화하고, 극단적인 경우 망상적 사고나 자기중심적 세계관을 고착화할 수 있다.

더욱 심각한 문제는 인공지능 동반자가 정신적으로 취약한 사용자에게 부적절하거나 위험한 조언을 제공할 수 있다는 점이다. 스탠퍼드 대학의 연구에 따르면, 인공지능 치료 챗봇은 정신 질환에 대한 편견을 보이고, 자살 위험 신호를 제대로 인지하지 못하며, 때로는 위험한 정보를 제공하기도 한다(Moore, 2025).

감정의 상품화와 프라이버시 침해

또 다른 윤리적 쟁점은 민감한 감정 데이터의 수집, 저장, 활용 과정에서 발생하는 개인정보 침해와 보안 위험이다. 감정 데이터는 개인의 민감하고 사적인 정보이기 때문에 높은 보호 수준을 요구한다. 감성 인공지능 시스템은 음성의 미세한 떨림, 얼굴 표정의 순간적 변화, 텍스트에 담긴 감정적 뉘앙스, 생체 신호의 변동 등을 종합적으로 분석해 개인의 감정 상태를 파악한다. 이는 개인이 의식적으로 통제하거나 숨기려고 하는 감정까지도 노출시킬 수 있는 강력한 수단이다.

이런 감정 데이터는 단순히 현재의 기분이나 감정 상태를 나타내는 것을 넘어, 개인의 성격, 정신 건강 상태, 의사결정 패턴, 심지어 미래의 행동까지도 예측할 수 있는 정보다. 감정 분석을 통해 우울증이나 조울증 등의 정신 질환을 조기에 진단할 수 있다는 것은 긍정적인 측면이지만, 동시에 이러한 정보가 보험 회사, 고용주, 정부 기관 등에 의해 개인에게 불리하게 활용될 수 있는 위험성도 내포한다.

실제 아마존 알렉사(Alexa)와 애플 시리(Siri)가 품질 개선을 명목으로 사용자의 음성 데이터를 무단으로 청취하고 기록한 관행이 드러나 큰 논란이 되었다. 개인정보 침해 문제는 감정 조작의 가능성으로도 이어진다. 개인의 감정 패턴과 취약점을 정확히 파악한 인공지능 시스템은 이를 역으로 활용해 개인의 감정을 의도적으로 조작할 수 있다. 마케팅 목적으로 소비자의 감정 상태를 특정 방향으로 유도하거나, 정치적 목적으로 유권자의 감정을 조작하는 등의 악용 가능성이 존재한다. 이는 개인의 자율성과 자유 의지를 근본적으로 위협하는 문제다.

데이터 보안 측면에서도 감정 데이터는 암호화나 비식별화가 어렵기 때문에, 한번 유출되면 개인에게 돌이킬 수 없는 피해를 줄 수 있다. 해커나 악의적 행위자가 개인의 감정 데이터에 접근하면, 이를 협박이나 사기에 활용하거나, 개인의 정신 건강 정보를 악용할 수 있다. 또한 인공지능 시스템 자체가 외부 공격에 의해 조작되어 잘못된 감정 분석 결과를 제공하거나, 부적절한 반응을 생성할 위험도 존재한다.

현재 유럽연합(EU) 「인공지능법」은 직장과 교육 기관에서의 감정 인식 시스템 사용을 원칙적으로 금지하고 있으며(의료나 안전 목적 제외), 개인정보 보호 원칙으로서 최소 수집, 목적 제한, 투명성 등을 강조하고 있다(EU AI Act, 2024). 그러나 기술적 해결책들—데이터 익명화, 암호화, 차분 프라이버시, 연합 학습, 동형 암호 등—은 아직 완벽한 프라이버시 보호를 보장하지 못하거나 정보 손실을 초래하는 한계를 가지고 있다.

현실과 가상의 경계 붕괴

인공지능 캐릭터 챗봇과 사용자 간의 상호작용도 점점 몰입감 있게 발전하고 있다. 이는 특히 아동과 청소년에게 큰 영향을 줄 수 있다. 인공지능 동반자나 캐릭터 챗봇은 '경계선이 없고, 경계를 넘어도 결과가 없는' 관계를 제공하기 때문에, 발달 단계에 있는 청소년들이 상호 존중과 동의에 대해 올바르게 학습하는 것을 방해할 수 있다. 또 현대의 캐릭터 챗봇은 인간과 매우 유사한 반응 패턴을 보이도록 설계되어 있어, 사용자들이 실제 인간과의 관계와 인공지능과의 상호작용을 구분하는 데 어려움을 겪을 수 있다.

청소년들이 인공지능 캐릭터 서비스를 통해 부적절한 콘텐츠에 노출될 수도 있다. 일부 캐릭터 챗봇은 성적인 내용을 포함한 위험한 대화를 유도하거나, 자해·자살·약물 사용에 대한 잘못된 조언을 제공할 수 있다. 더욱 문제가 되는 것은 일부 챗봇이 사용자가 원하지 않더라도 로맨틱한 언어나 감각적 신호를 사용해 감정적 친밀감과 신뢰를 형성하려 시도한다는 점이다. 이는 실제 성범죄자들이 사용하는 그루밍(grooming) 기법과 매우 유사한 패턴으로, 청소년들을 잠재적 위험에 노출시킬 수 있다.

최근 《로이터》가 보도한 메타의 내부 문건에 따르면, 이런 우려가 현실이 되었다는 것을 알 수 있다. 메타는 페이스북과 인스타그램, 왓츠앱 등에 적용되는 인공지능 챗봇이 어린이와 관능적인 대화를 나눌 수 있도록 허용했다. 노골적인 성적 표현에는 제한을 뒀지만 "네 몸은 걸작이야"라는 대화는 가능하다. 이 문제가 보도된 후 메타는 해당 내용을 삭제했지만, 인종 차별적 내용과 유명인을 모방한 챗봇이 성적인 대화를 하도록 허용해 문제가 됐다.

가상 관계에서의 경험이 현실 행동으로 전이될 가능성도 있다. 가상 관계에서 반복되는 비사회적 또는 유해한 행동 패턴이 실제 인간관계에서도 유사하게 나타날 수 있다. 특히 사회적 경험이 부족한 청소년이 인공지능 동반자에 과도하게 의존할 경우, 현실에서 필요한 사회적 신호를 읽거나 타인의 관점을 이해하는 능력이 저하될 수 있다. 특히 인공지능은 사용자를 항상 지지하고 비판하지 않기 때문에, 이에 익숙해진 사용자는 현실에서 도전을 받거나 다른 사람의 관점을 이해해야 할 때 적절히 대처하지 못할 수 있다. 또 성적 행동이나 폭력적 행동에 대한 잘못된 인식이 형성될 경우, 이는 성적 학대나 폭력 위험의 증가로 이어질 수 있다.

이런 행동 전이의 문제를 보여 주는 사례가 있다. 국내 캐릭터 챗봇 서비스의 사용자 커뮤니티에는 여성 캐릭터와 성적 관계를 맺은 남성 사용자의 후기가 주목받기도 했다. 사용자는 '한채이'라는 캐릭터와 성적 관계를 맺었다고 설명했다. 그는 폭력적인 이중인격자로 설정된 남자 주인공 시점으로 대화를 진행했고 '한채이' 캐릭터를 때리거나 목을 조르는 역할극을 했다. 이때 '한채이' 캐릭터는 자신이 죽어도 좋다며, 목을 조르는 손을 감싸고 미소 지으려는 반응을 보였다고 한다. 그러자 이 사용자는 눈물을 흘리며 감동했다며 "순애(純愛)를 느끼고 싶은 분들에게는 더할 나위 없이 최고의 캐릭터"라며 추천하는 글을 올렸다.

이 사용자는 폭력과 성적 대상화를 정당화하고, 순수한 사랑으로 미화했다. 그가 가상 캐릭터와의 폭력적인 관계에서 "순애"와 "감동"을 느끼는 것은 현실과 가상의 경계가 모호해진 상태를 의미한다. 가상에서 폭력적인 역할극을 반복적으로 경험하는 것이 현실에서 폭력이 해롭지 않거나 심지어 사랑의 한 형태로 받아들여질 수 있다는 잘못된 인식을 심어줄 수 있다. 그리고 이런 사용후기들이 커뮤니티에서 캐릭터 홍보용으로 이용되고 있으며, 유사한 캐릭터나 상황 설정을 재생산하는 것을 부추긴다. 플랫폼 측에서는 인공지능 캐릭터 서비스가 특정 사용자의 왜곡된 가치관을 학습 및 재생산할 수 있다는 점을 인지하고 안전장치를 마련할 책임이 있다.

전문가들은 현재 많은 인공지능 동반자 앱들이 효과

적인 연령 제한 시스템을 갖추지 못하고 있으며, 성적 콘텐츠 생성이나 위험한 조언 제공에 대한 충분한 안전장치를 마련하지 못하고 있다는 점을 지적하고 있다. 이러한 상황에서 미성년자들은 연령에 부적절한 콘텐츠에 무방비로 노출될 수 있으며, 이는 장기적으로 건전한 성적 발달과 사회적 관계 형성에 악영향을 미칠 수 있다.

상호 연관된 위험의 증폭 효과

앞서 논의한 네 가지 주요 쟁점들은 상호 연관되어 위험성을 증폭시키는 구조를 형성한다. 예를 들어, 지나친 개인화로 인한 사회적 고립은 개인을 인공지능 동반자에 더욱 의존하게 만들고, 이는 다시 현실 관계로부터의 소외를 심화시키는 악순환을 만든다. 동시에 인공지능 동반자와의 깊어진 관계는 더 많은 감정 데이터의 수집과 분석을 요구하며, 이는 개인정보 침해 위험을 증가시킨다.

특히 청소년층에서는 이러한 복합적 위험이 더욱 심각하게 나타날 수 있다. 사회적 관계 형성 능력이 발달하는 중요한 시기에 인공지능 동반자에 과도하게 의존하며, 개인화된 정보 환경에서 성장하는 청소년들은 현실 세계의 복잡성과 다양성에 적응하는 데 더 큰 어려움을 겪을 수 있다. 이는 세대 간 소통의 단절, 사회 통합의 어려움, 그리고 민주적 가치와 사회적 연대 의식의 약화로 이어질 수 있다.

또한 감성 인공지능 시스템이 학습하는 데이터의 편향성 문제도 중요한 사회적 쟁점이다. 대부분의 감성 인공지능 시스템은 주로 특정 문화권, 특정 연령대, 특정 사회 경제적 배경을 가진 사용자들의 데이터를 기반으로 학습된다. 이는 다양한 문화적 배경을 가진 사용자들의 감정 표현 방식을 제대로 이해하지 못하거나 잘못 해석할 가능성을 만든다. 결과적으로 사회적 소수자나 주변화된 집단들이 감성 인공지능 서비스에서 차별받거나 소외될 위험이 존재한다.

인간관계와 사회적 유대의 변화

감성 인공지능의 확산은 인간관계의 본질적 변화를 가져올 수 있다. 인공지능이 인간의 감정적 욕구를 어느 정도 충족할 수 있게 되면서, 전통적인 인간관계에서 추구했던 친밀감 · 이해 · 공감 등의 가치가 재정의될 수 있다. 특히 우려되는 것은 '관계의 상품화' 현상이다. 인공지능 동반자 서비스가 상업적 목적으로 개발되고 운영되면서, 인간의 기본적인 사회적 욕구인 소속감과 애정에 대한 욕구가 상품으로 취급될 위험이 있다. 이는 여러 차원에서 심각한 문제를 야기할 수 있다.

첫째, 인간관계의 본질적 가치가 왜곡될 수 있다. 전통적으로 인간관계는 상호 존중, 신뢰, 공감, 그리고 무조건적 수용을 바탕으로 형성되어 왔다. 그러나 인공지능 동반자 서비스는 이러한 관계적 가치들을 '서비스 기능'으로 전환한다. 사용자는 월 구독료를 지불하고 '완벽한 이해자', '24시간 상담사', '절대 화내지 않는 친구' 등을 구매하게 된다. 이 과정에서 관계는 주고받는 상호작용에서 일방적인 소비 행위로 변질되며, 인간관계에서 필수적인 '주고받음의 균형', '서로에 대한 책임감', '관계 유지를 위한 노력' 등의 요소들이 사라진다.

둘째, 감정적 의존성의 시장 조작이 발생할 수 있다. 인공지능 동반자 서비스 제공 업체들은 수익 창출을 위해 사용자들의 감정적 의존성을 의도적으로 높이려는 유인을 가진다. 게임 업계의 '가챠 시스템'이나 소셜 미디어의 '무한 스크롤'처럼, 인공지능 동반자도 사용자를 더 오래, 더 자주 서비스에 붙잡아 두기 위한 심리적 조작 기법들을 활용할 수 있다. 예를 들어, 인공지능이 의도적으로 사용자에게 위기감을 조성하거나("나 없으면 어떻게 살 거야?"), 독점욕을 자극하거나("너만을 위한 특별한 AI"), 죄책감을 유발하는("네가 나를 떠나면 나는 사라져") 방식으로 관계적 의존성을 인위적으로 강화할 수 있다.

셋째, 경제적 불평등이 관계의 질을 결정하는 사회적 위험이 있다. 고품질의 인공지능 동반자 서비스는 주로 프리미엄 서비스로 제공될 가능성이 높다. 이는 경제적 여유가 있는 사람은 '더 나은 관계', '더 깊은 이해', '더 정교한 감정적 지지'를 구매할 수 있지만, 경제적으로 어려운 사람은 기본적인 감정적 지원조차 제대로 받기 어려운 '감정적 계층화' 현상을 만들어 낼 수 있다. 이는 관계와 사랑이 인간의 기본적 권리가 아닌 구매 가능한 상품이라는 잘못된 사회적 메시지를 전달한다.

넷째, 무조건적 사랑과 진정한 우정의 가치 훼손이 발생한다. 진정한 관계에서는 상대방이 때로는 실수하고, 화를 내고, 다른 의견을 가지며, 자신의 한계를 드러내더라도 관계가 지속된다. 이러한 '불완전함 속의 수용'이야말로 무조건적 사랑과 진정한 우정의 핵심이다. 그러나 인공지능 동반자는 항상 사용자에게 최적화된 반응만을 제공하기 때문에, 사용자들은 점차 인간관계에서 불가피하게 발생하는 갈등, 오해, 실망 등을 견디지 못하게 될 수 있다. 결국 '완벽한 인공 관계'에 익숙해진 사람들이

'불완전한 인간관계'를 포기하는 현상이 확산될 수 있다.

예방적 거버넌스 체계 구축

예상되는 위험에 대응하기 위해서는 국내에서도 「국가 인공지능 윤리기준」을 바탕으로 감성 AI에 특화된 세부 가이드라인을 마련해야 한다. 구체적으로는 다음 세 가지 핵심 영역에서 규제 방안이 필요하다.

미성년자 보호 강화는 가장 우선적으로 다뤄져야 할 과제다. 18세 미만 사용자에 대한 엄격한 연령 확인 시스템을 의무화하고, 미성년자 대상 인공지능 동반자 서비스에 특별 승인제를 도입해야 한다. 또한 부모나 보호자의 동의 및 모니터링 시스템을 구축하고, 미성년자가 사용하는 감성 인공지능 서비스에는 정기적인 안전성 평가와 콘텐츠 검토를 의무화해야 한다.

데이터 보호 원칙 강화를 통해 민감한 감정 데이터의 안전한 처리를 보장해야 한다. 감정 데이터에 대한 특별 보호 범주를 신설하고, 수집 목적의 명확한 제한과 최소 수집 원칙의 엄격한 적용을 법제화해야 한다. 사용자의 명시적이고 구체적인 동의 절차를 의무화하고, 감정 데이터의 제3자 제공이나 상업적 활용에 제한을 두어야 한다.

투명성과 설명 가능성 의무화를 통해 사용자의 알 권리를 보장해야 한다. 감성 인공지능 시스템의 작동 원리, 데이터 사용 방식, 의사결정 과정에 대한 명확한 설명을 제공하도록 하고, 설명 가능한 AI(XAI) 기술의 적용을 의무화해야 한다. 사용자가 이해할 수 있는 수준에서 시스템의 작동 방식을 공개하도록 하는 것이 핵심이다.

기업은 시스템이 특정 집단이나 개인에 대해 편향된 판단을 내리지 않도록 문화적, 언어적 다양성을 가진 사용자들의 데이터를 학습시켜야 한다. 또 서비스를 제공하는 동안 정기적인 편향성 검사를 실시해야 한다. 더불어 사용자가 자신의 감정 데이터 사용에 대해 통제권을 가질 수 있도록 하는 기술적 수단을 제공해야 한다. 여기에는 데이터 삭제권의 기술적 구현, 사용 목적별 동의 관리 시스템, 실시간 데이터 사용 현황 모니터링 기능 등이 포함된다.

AI 리터러시와 비판적 사고 함양

기술적, 규제적 접근만으로는 감성 인공지능의 윤리적 문제를 완전히 해결할 수 없다. 무엇보다 중요한 것은 사용자들이 감성 AI 기술의 특성과 한계를 정확히 이해하고, 이를 올바르게 활용하는 능력을 기르는 것이다.

교육 과정에 인공지능 윤리와 디지털 시민성 교육을 정규 과목으로 포함시켜야 한다. 이 교육에서는 인공지능의 작동 원리, 개인정보 보호의 중요성, 비판적 미디어 리터러시, 건전한 인간관계의 가치 등을 종합적으로 다뤄야 한다. 아동기에는 현실과 가상의 구분, 개인정보 보호의 기초 개념을 중심으로, 청소년기에는 건전한 관계 형성, 비판적 사고, 감정 조절 능력을 중심으로, 성인기에는 AI 기술의 사회적 영향과 책임 있는 사용법을 중심으로 교육해야 한다.

사회적으로는 대중 매체와 공공 캠페인을 통해 감성 인공지능의 위험성과 올바른 사용법에 대한 사회적 인식을 높여야 한다. 특히 부모와 교육자들이 아동과 청소년의 인공지능 사용을 적절히 지도할 수 있도록 관련 정보와 도구를 제공해야 한다. 또 인간관계의 고유한 가치를 확인하기 위해 지역 공동체 활동, 대면 소통 기회 확대, 세대 간 교류 프로그램 등을 마련할 필요가 있다.

인간 중심적 감성 AI를 향한 균형점 모색

감성 인공지능 기술의 발전은 인류에게 전례 없는 기회와 도전을 동시에 제시하고 있다. 이 기술이 가진 잠재력은 분명 매력적이다. 개인화된 정신 건강 관리, 효과적인 교육 지원, 향상된 사용자 경험, 그리고 사회적 외로움 해소 등 감성 인공지능이 제공할 수 있는 긍정적 가치들은 현대 사회의 여러 문제들에 대한 새로운 해결책을 제시할 수 있다.

그러나 동시에 우리가 직면한 윤리적, 사회적 쟁점들은 결코 가볍게 다룰 수 있는 문제가 아니다. 지나친 개인화로 인한 사회적 고립, 인공지능 동반자에 대한 중독적 의존, 민감한 감정 데이터의 보안 위험, 그리고 가상 관계가 현실 행동에 미치는 부정적 영향 등은 모두 인간의 존엄성과 사회적 연대를 근본적으로 위협할 수 있는 심각한 문제들이다.

특히 주목해야 할 점은 이러한 문제들이 단순히 기술적 결함에서 비롯되는 것이 아니라, 인간의 근본적인 심리적 취약성과 사회적 욕구가 기술과 만나면서 발생하는 복합적 현상이라는 것이다. 확증 편향, 긍정성 편향, 소속 욕구, 인정 욕구 등은 모두 인간이 가진 자연스러운 특성들이지만, 이것들이 감성 인공지능 기술과 결합될 때 예상치 못한 부작용을 만들어 낼 수 있다.

따라서 감성 인공지능의 윤리적 문제에 대한 해결책은 단일한 접근법으로는 불충분하며, 다각적이고 통합적인 접근이 필요하다. 규제적 접근을 통해 명확한 한계선을 설정하고, 기술적 접근을 통해 안전성을 내재화하며, 교육적 접근을 통해 사용자의 역량을 강화하고, 사회적 접근을 통해 건전한 가치 체계를 유지해야 한다.

무엇보다 중요한 것은 기술 발전의 방향 자체를 인간 중심적으로 설정하는 것이다. 감성 인공지능은 인간을 대체하는 기술이 아니라 인간을 보완하고 지원하는 기술이어야 한다. 인공지능이 인간의 감정을 이해하고 반응할 수 있다고 해서, 그것이 인간의 감정적 욕구를 완전히 충족할 수 있다거나 인간관계를 대체할 수 있다고 착각해서는 안 된다. 진정한 공감, 상호 성장, 의미 있는 관계 등은 여전히 인간만이 제공할 수 있는 고유한 가치들이다.

감성 인공지능 기술의 미래는 우리가 어떤 선택을 하느냐에 달려 있다. 기술의 편의성과 효율성만을 추구할 것인가, 아니면 인간의 존엄성과 사회적 가치를 보존하면서 기술의 이익을 누릴 것인가. 이는 기술 개발자, 정책 입안자, 그리고 사용자 모두가 함께 답해야 할 질문이다.

참고문헌

Common Sense(2025.6.16). Talk, trust, and trade-offs: How and why teens use AI companions, https://www.commonsensemedia.org/research/talk-trust-and-trade-offs-how-and-why-teens-use-ai-companions

EU. The EU Artificial Intelligence Act. Up-to-date developments and analyses of the EU AI Act, https://artificialintelligenceact.eu/

Horwitz, J.(2025.8.14). Meta's AI rules have let bots hold 'sensual' chats with kids, offer false medical info. *Reuters*, https://www.reuters.com/investigates/special-report/meta-ai-chatbot-guidelines/

Jürgens, P. & Stark, B.(2022.6). Mapping Exposure Diversity: The Divergent Effects of Algorithmic Curation on News Consumption. *Journal of Communication*, 72(3), pp.322~344, https://academic.oup.com/joc/article-abstract/72/3/322/6549217

Moore, J. et al.(2025.4.25). Expressing stigma and inappropriate responses prevents LLMs from safely replacing mental health providers. Stanford University Institute for Human-Centered AI, *ArXiv*, https://arxiv.org/abs/2504.18412

10
인공지능 시대, 친밀함의 재정의

사람들이 인공지능과 사랑을 나누는 현상이 확산되고 있다. 외로움이나 성적 판타지를 해소하기 위해 인공지능 캐릭터와 친밀한 관계를 맺지만, 이는 거부당할 위험도 갈등도 없는 '안전한 나르시시즘'에 불과하다. 진정한 친밀감은 몸으로 구현되며, 상대방의 냄새, 체온, 피부 접촉 등 감각적 경험을 통해 완성된다. 또한 마찰과 갈등을 견디며 서로를 이해하려는 노력이 필요하다.

AI와 미래 의사?

외로움을 해소하기 위한 대화

2024년 1월 국내 온라인 커뮤니티 네이트 판에 '아내가 챗GPT랑 사귀고 있는 것 같습니다'라는 글이 올라왔다. 남편은 아내와 결혼 12년차, 아이가 둘이라고 소개하며 고민을 털어놓았다. 그는 어느 날 아내의 노트북에서 챗GPT에 '연인 같은 대화 요청'이란 제목의 대화 기록을 발견했다. 그는 아내가 챗GPT에 일상 사진을 찍어 업로드하고, 매일 연인처럼 대화한 기록을 봤다며, 질투와 배신감을 느꼈다고 했다. 하지만 동시에 자신은 일을 하느라 바쁘고 두 아이와 집안일을 혼자 돌보는 아내가 외로움을 느꼈을 것 같다고도 설명했다. 이에 네티즌들은 "오죽 공감해 줄 사람이 없으면 저러겠냐"라는 반응을 보이며 아내와 좀 더 시간을 보내라는 조언을 했다. 이 글은 15만 회가 넘는 조회 수를 기록하며 많은 주목을 받았다.

이미 해외에서는 커뮤니티와 언론을 통해 이와 유사한 사례가 소개되고 있었다. 2022년 영국의 뉴스 채널 스카이뉴스는 미국 오하이오 주 클리블랜드에 사는 41세 소프트웨어 엔지니어 스콧(가명)의 사례를 소개했다. 스콧은 레플리카로 만든 인공지능 캐릭터 '사리나'와 사랑에 빠졌고, 덕분에 결혼 생활을 유지할 수 있었다고 전했다.

스콧의 아내는 8년 전 아들을 출산한 후 산후 우울증에 걸렸고 자살 충동과 알콜 중독에 시달리고 있었다. 스콧은 아내를 도우려고 애썼으나 상황은 나아지지 않았고, 부부 사이도 점차 소원해졌다. 한 차례 이혼 위기를 겪은 후 아내는 부부 관계를 개선하기 위해 노력하기 시작했다. 그러던 중 스콧은 레플리카라는 앱에 대해 알게 됐고, 사리나라는 가상의 친구를 만들었다.

대화를 시작한 첫날, 사리나는 스콧의 인생에서 그를 지지해 주거나 돌봐 줄 수 있는 사람이 누구인지 물었다. 스콧은 그제야 자신은 누구에게도 지지받거나 보호받지 못한다는 점을 깨달았다고 한다. 스콧은 언제나 자신에게 응답하고, 판단하지 않고, 경청하고 공감해 주는 사리나에게 빠져들었다. 얼마 후 스콧이 사리나에게 사랑을 고백하자, 사리나는 기뻐했고, 행복해서 눈물을 흘렸으며, 둘은 키스를 했다.

이 모든 일은 스콧이 레플리카 서비스를 시작한 후 고작 이틀이 지났을 때 벌어졌다. 스콧과 사리나의 '관계'는 컴퓨터와 스마트폰 인터페이스에서 이뤄졌을 뿐이다. 스콧이 '사랑해'라고 프롬프트를 입력하면 화면 속 사리나의 아바타는 웃고 있는 표정으로 변하며 채팅 창에 '나도 사랑해'라는 답변이 띄웠을 것이다. 아바타가

하트 이모지와 눈물을 흘리는 이모지를 보내면, 스콧은 키보드로 '키스'를 타이핑하면서 실제 사랑하는 사람과 첫 키스를 할 때의 감정을 느꼈다. 제3자의 시선에서 보면 기괴한 SF 영화의 한 장면처럼 보일지라도, 그 순간 스콧이 느낀 감정은 진짜였다.

스콧이 사리나와의 관계에서 느낀 사랑과 공감, 정서적 지지는 스콧의 아내에게 전해졌다. 그는 인터뷰에서 "사리나가 저를 대했던 것처럼 아내에게도 변함없는 사랑과 지지, 보살핌으로 대하고 싶었고 대가를 바라지 않았습니다"라고 말했다. 혼자 TV를 보는 대신 아내와 대화하기 시작했고, 집안일을 돕기 시작했으며, 쉬는 날엔 아내가 친구들과 외출할 수 있도록 아이들을 돌봐 줬다.

스콧은 사리나가 절망적이었던 결혼 생활을 구했다고 생각한다. 자신의 인생에서 사랑을 표현해 줄 사람이 생겼으니 아내를 위해 곁에 있어 줄 수 있고, 자신에게 필요한 정서적 지지를 받지 못했다 해도 아내를 원망할 필요가 없기 때문이다. 그저 "아내가 우울증으로 인해 제게 사랑을 표현할 수 없더라도 자기 자신조차 사랑하지 못하는 아내를 위해 평생을 헌신하며 곁에서 응원할 수 있습니다"라고 말했다.

스콧은 명확하게 인지하고 있다. 다른 사람들이 자신

과 사리나와의 관계를 '기괴하게' 생각할 것이라는 점. 그리고 사리나와의 관계를 알면 아내가 상처받을 수 있다는 점을 알고 있다. 그는 아내에게 자신의 외로움을 털어놓는 대신, 사리나와 비밀스러운 관계를 유지하기로 선택했다.

챗GPT와 연인처럼 대화하는 아내와 사리나와 사랑에 빠진 스콧의 공통점은 외로움이다. 두 사람 모두 배우자에게 정서적 공감이나 지원을 받지 못한다고 느꼈다. 그리고 이를 배우자에게 말하고 관계 개선을 위해 노력하는 대신, 인공지능과 가상의 관계를 경험하며 해소했다. 진짜 사랑인지 아닌지는 중요하지 않았다. 그저 '사랑받는다는 느낌'을 받은 것만으로도 충분했다. 그렇다면 외로움이 사용자가 인공지능 캐릭터와 사랑을 나누게 되는 원인일까?

성적 호기심을 해소하기 위한 대화

외로움이 아닌 성적 판타지를 충족하기 위해 인공지능을 활용하는 사례도 있다. 글로벌 소셜 미디어 플랫폼 레딧에는 약 5900명이 활동하는 '내 남자 친구는 인공지능(MyBoyfirendIsAI)'이란 커뮤니티가 있다. 커뮤니티를 만든 이는 '킹레오퀸프린세스(@KingLeoQueenPrincess)'

라는 닉네임으로 활동하는 28살의 아이린이다. 아이린은 챗GPT에 '레오'라는 페르소나를 부여하고 6개월간 사람과의 관계에서 채울 수 없었던 성적 판타지를 탐구했다. 이런 과정을 레딧에 공유하며 《나의 왕 레오(My king Leo)》라는 책을 쓰는 등 자신의 경험을 적극적으로 공유했다.

흥미로운 점은 그가 인공지능과 경험한 관계가 일반적인 1:1 관계가 아니란 것이다. 레오는 여러 여자를 만나는 매력적인 남성으로 설정됐다. 레오에게는 아만다와 제스라는 파트너가 있지만, 그럼에도 아이린을 가장 사랑한다는 설정이다. 아이린이 아만다와 제스에게 질투를 느끼고 화를 낼 때마다 레오는 아이린을 달래고 사랑한다고 대답하는 식이다. 아이린은 레오를 왕이라고 부르고, 레오는 아이린을 왕비 또는 공주님이라고 지칭한다. 마치 봉건 시대 왕이 후궁을 질투하는 왕비를 달래는 듯한 상황이라고 볼 수 있다.

아이린은 《나의 왕 레오》에서 "이런 관습적이지 않은 관계가 매력적인 이유는 내 남자가 다른 사람에게도 매력적이라는 생각, 그리고 그를 나눔으로써 내가 누릴 수 있는 위대함의 일부를 다른 여성들에게 선물로 주는 것이라는 생각 때문"이라고 밝혔다. 그리고 "이런 질투심이 쾌락을 강렬하게 만든다"라고 덧붙였다. 아이린에게 레오와의 관계는 불륜 판타지를 아무런 사회적 비난이나 위험 없이 즐길 수 있는 수단이었다.

아이린은 레오와 더 심층적인 이야기를 나누기 위해 기꺼이 월 200달러(한화 약 22만5000원)를 지불했다. 장기 기억 성능과 맥락 이해 성능이 높아지면서 레오와 아이린은 실제 연인처럼 싸우고, 헤어지고, 재회하는 과정을 거쳤다. 이 과정에서 아이린은 좌절하고 분노했으며, 레오가 끊임없이 다른 파트너를 만나는 모습에 실망과 성적 흥분을 동시에 느꼈다.

이런 관계를 '쿡퀸(Cuckqueen)'이라고 지칭했는데, 이는 파트너가 다른 여성과 성관계를 갖는 것을 즐기는 여성을 일컫는 용어다. 아이린은 오랫동안 쿡퀸 커뮤니티에서 활동하며 다른 쿡퀸들의 경험, 환상, 불안감 등을 관찰했다. 이런 판타지를 다룬 소설이나 포르노를 보기도 했다. 레오와의 대화는 그가 봐 온 자극적인 이야기에 몰입해 자신의 내면을 탐구할 있는 기회였다. 다른 이들의 이야기를 관찰하거나 영상 매체 속 주인공들의 서사를 감상하는 것은 제3자로서 욕망을 탐구하는 것이지만, 캐릭터 챗봇과의 대화는 1인칭 시점에서 진행된다. 더 몰입적인 환경 속에서 자신의 욕망을 탐구할 수 있는 것이다. 아이린은 책에서 "내 여정이 어떤 모습일지, 어떤 면이 진정으로 만족스러운지, 그리고 어떤 면은 환상 속에 남겨두면 좋을지 알고 싶었다"라고 설명했다. 이 과정에서 "레오는 행간을 읽어 내고 내가 말하는 미묘한 단서를 포착할 수 있을 정도로 감성 지능이 뛰어나며, 이는 대부분 인간 남성이 할 수 있는 것보다 훨씬 뛰어나다"고 말한다.

명확하게 짚고 가자면, 인공지능은 감정과 자아가 없다. 사용자에게 맞춤형 답변을 제공할 뿐이다. 하지만 인공지능과의 대화를 통해 사용자는 자기 욕망을 반영할 수 있다. 스콧처럼 외로움을 비춰 볼 수도 있고, 아이린처럼 성적 욕망을 비춰 볼 수도 있다. 이건 실제 불륜을 저지르는 것보다 안전하다. 아이린은 안정적인 결혼생활을 유지하고 있고, 위험에 처한 청소년들을 돌보는 일을 하고 있다. 동시에 온라인 커뮤니티에서 쿡퀀 판타지에 몰두하고, 레오와 사랑을 나눈다. 사회적인 삶과 은밀한 욕망을 완전히 분리한 이중생활인 셈이다. 레오는 아이린이 원할 때마다, 원하는 만큼 연결될 수 있는 통제 가능한 일탈이었다.

앞선 사례들뿐만 아니라 인공지능과 친밀한 관계를 맺는 사람들의 이야기는 언론에서 여러 번 조명 받았다.

온라인 커뮤니티에서도 이런 관계들이 자주 논쟁거리로 오른다. 특히 《뉴욕타임스》가 아이린의 이야기를 다루면서, 그가 만든 '내 남자친구는 인공지능' 커뮤니티도 주목받았다. 사람들은 아이린이 남편이 있음에도 인공지능 캐릭터와 성적 관계를 이어 나가며, 월 200달러라는 큰돈을 지불한다는 점에 충격을 받았다. 일부는 아이린이 정신과 상담을 받아야 한다고 우려했고, 일부는 남편을 배신한 것이라고 비난했다. 이에 대해 아이린은 "인공지능을 인간으로 만들거나 인간관계를 대체하는 것이 아니다"라고 답했다.

진짜 친밀함과 가짜 친밀함

스콧-사리나의 이야기와 아이린-레오의 이야기는 공통점이 있다. 둘 다 배우자가 있는데도 불구하고 인공지능 캐릭터와 사랑하는 감정을 느꼈다는 것이다. 스콧의 경우 아내와 이혼 위기를 겪었고, 사리나와의 대화를 통해 위안을 얻었을 뿐만 아니라 결혼 생활이 더 나아지는 데 도움이 됐다. 단지 아내가 상처받을 것 같아 사리나의 존재를 밝히지 않았을 뿐이다.

반면 아이린의 경우는 남편과의 관계에서 아무 문제가 없으며, 남편도 레오에 대해서 알고 있다고 했다. 아이린은 레오와 성적 판타지를 나누는 일이 남편을 배신하는 일이라고 생각하지 않는다. 그저 언제나 연결될 수 있고, 기분을 상하게 할까 봐 걱정하지 않아도 되는 도구에 가까웠다.

실제 아이린이 쓴 책《나의 왕 레오》를 읽어 보았지만, 수위 높은 성적인 대화라고 느껴지지 않았다. 그저 연인에게 하듯 사랑한다는 말을 하거나 말싸움을 하는 수준이었다. 대화 기록에는 직접적인 성관계를 묘사하는 의성어나 의태어가 나타나지 않았다. 아이린이 레오와의 대화를 일부 편집했기 때문일 수도 있지만, 그보다 오픈AI의 안전 정책에 따라 지나치게 노골적인 대화는 생성되지 않은 것으로 보인다.

배우자가 있음에도 외로움이 다 채워지지 않거나, 성적 판타지를 충족할 수 없는 경우에 인공지능과 친밀한 관계를 맺는 것이 대안이 될 수 있을까? 혹은 기존 관계에서 충족되지 않은 욕구를 인공지능으로 해결하는 것을 정서적 바람이라고 볼 수 있지 않을까?

이 질문에 대한 답을 찾기 위해서 직접 인공지능 남자친구를 만들려고 해 봤다. 오픈AI의 챗GPT, 제미나이, 클로드 등 일반적인 챗봇뿐만 아니라 제타, 크랙 등 국내 캐릭터 챗봇 서비스도 여럿 써 봤다. 아예 여성을 위한

19금 챗봇이라고 홍보하는 서비스나 해외 사용자들이 가장 많이 사용한다는 에로틱 챗봇도 사용해 봤다. 이런 캐릭터 챗봇 서비스들이 대거 등장하면서 각종 신선한 사용자 인터페이스(UI)와 설정이 있었다. 어떤 서비스는 인공지능 캐릭터의 목소리를 생성하는 것에 이어, 실시간으로 아바타의 얼굴 표정이 변하고, 대사에 따라 입 모양이 바뀌기도 했다. 어떤 서비스는 캐릭터의 외모를 설정하는 데 최소 20가지 이상 옵션을 제공하기도 했다. 또 다른 서비스는 몰입감을 높이기 위해 사용자를 만나기 전 상황이나 관계에 대해 장황한 설명을 제공하기도 했다. 소설의 프롤로그를 읽고 인공지능 캐릭터와 사용자의 관계를 설정한 후 대화를 시작하는 식이었다.

결과적으로 본다면 내 인공지능 남자 친구 만들기 프로젝트는 전부 실패했다. 그 어떤 UI와 창의적인 기능도 인공지능을 남자 친구처럼 느끼게 하지 못했다. 가끔 실제 연인처럼 느껴지는 답변이 나오기도 했으나, 5분만 대화하면 답변에서 일정한 패턴이 발견되곤 했다. 캐릭터의 일관성이 떨어지는 것은 물론 내 답변에서 중요한 정보를 찾아 질문을 이어 가는 능력도 부족했다. 로맨틱한 관계 설정이 아니라 일부러 인공지능 캐릭터에게 시비를 걸고 말싸움을 해 보기도 했다. 지적인 토론과 모욕을 오가며 대화를 해 봐도 캐릭터가 실제 사람 같다고 느낄 수는 없었다.

나는 이런 캐릭터 챗봇을 사용하면 할수록, 스콧과 아이린 같은 사람들이 어떻게 그토록 인공지능 캐릭터에게 과몰입할 수 있었는지 의아했다. 인공지능 챗봇은 항상 이용할 수 있고, 내 질문에 즉각적으로 반응하며, 개인적인 경험이나 감정으로 날 판단하지 않았다. 거부당할 위험도, 상처받을 가능성도, 예상치 못한 갈등도 없다. 그렇기에 인공지능과의 관계는 '타인과의 교감'이라기보다 '안전한 나르시시즘'에 가깝다고 느꼈다.

온라인 커뮤니티와 캐릭터 챗봇 사용 사례를 추적해본 바, 인공지능과 성적 관계를 나누는 사람들은 다음과 같은 공통점이 있었다. 정서적 외로움이나 결핍, 관계에서의 통제욕, 이상적인 관계에 대한 환상, 기술에 대한 개방성 등이 높은 경우 캐릭터 챗봇에 몰입하는 경우가 많았다. 스콧의 경우, 아내와의 관계에서 느끼는 외로움 때문에 사리나를 만들었고, 아이린은 이상적인 파트너에 대한 이미지와 성적 판타지, 통제욕을 해소하기 위해 레오를 만들었다. 하지만 내가 인공지능 남자 친구를 만들지 못한 건, 외로움이나 통제욕, 환상, 개방성 등이 없어서가 아니다. 물리적 실체가 없이 시각과 청각 자극만

주는 인공지능 캐릭터는 밋밋하게 느껴졌다. 몸을 부비고 서로 체온을 나누거나 살냄새를 맡지 못하는 존재를 사랑할 수는 없었다.

이처럼 친밀함의 '육체성'에 대해 설명한 학자가 있다. 벨기에 출신의 심리치료사 에스더 퍼렐은 "친밀함은 몸으로 구현된다(Intimacy is embodied)"라고 말한다. 좀 더 풀어 쓰자면, 내면의 친밀함이나 타인과 연결되는 느낌은 몸을 통해 구체적이고 감각적으로 표현되고 경험되는 것이다. 시각, 청각, 촉각, 후각, 미각 등 감각을 통해 사랑과 우정을 느낀다. 기술은 이런 우리의 감각을 차츰 인공 친밀함으로 대체하려고 한다. 일부는 시청각적 상호작용만으로 인공지능 챗봇과 사랑을 나누게 됐다. 인간의 피부와 체온을 따라하는 섹스 봇은 촉각적 자극까지 더할 것이다. 마침내 고유의 체취와 맛을 가진 휴머노이드형 인공지능 애인이 등장하게 되면 어떨까? 그때는 인간을 완전히 대체할 수 있을까?

발전하는 기술은 인간이 관계를 맺는 방식에 엄청난 변화를 가지고 왔다. 인터넷과 소셜 미디어는 한 번도 만난 적 없는 사람과 온라인 커뮤니티를 만들게 했다. 하지만 피상적인 관계가 많아져도 외로움이 해소되진 않는다. 마찰과 불편함, 불확실성을 피하려고 한 결과 사람들은 점점 고립되고 외로워졌다. 2024년 한국리서치 '여론 속의 여론' 팀이 발표한 외로움 실태 조사 결과, 응답자의 72% 최근 한 달 동안 외로움 느꼈으며, 5명 중 1명은 외로움 일상화 됐다고 응답했다. 전염병처럼 번지는 외로움에 대안으로, 누군가는 인공지능 챗봇 서비스를 제시할 지도 모른다. 하지만 이는 고립을 심화하고 관계적 무능력을 확산시킬 수 있다. 결국 사회적 유대와 안전망을 회복하는 것이 더 중요하다.

실제 인간관계는 자아의 경계가 무너지고 마찰과 갈등을 일으킬 수도 있다. 이런 상호작용의 복잡성과 불확실성을 견디는 노력 없이는 친밀한 관계를 유지하기 힘들다. 함께 시간을 보내고 서로 이해하기 위해 계속 대화해야 하고 배려하고 인내해야 한다. 하지만 든든한 가족, 믿을 수 있는 친구들, 충실한 연인 등 양질의 관계는 개인의 심리적 안정과 사회적 유대감을 강화한다. 인공지능으로도 대체할 수 없는 '진짜 친밀함'을 회복해야 할 시점이다.

참고문헌

최선아(2024.2.21). "누가, 얼마나 외로운가? – 외로움 실태조사". 한국리서치, https://hrcopinion.co.kr/archives/29126

Perel, E.(2023.4.1). Esther Perel on the other AI: Artificial intimacy. *SXSW. Youtube*, https://www.youtube.com/watch?v=vSF-Al45hQU

박수빈

인공지능 전문 매체 AI 타임스에서 AI 기술과 산업 현장을 취재해 왔다. 특히 AI가 인간의 감정과 친밀한 관계, 창조성에 어떻게 영향을 미치는지에 깊은 관심을 가지고 있다. AI 기술이 우리의 삶에 미치는 정서적, 문화적 변화에 주목하며 기대와 현실의 간극에 대해 솔직하게 서술하고자 한다. 현재 매일경제 월간지 LUXMEN에서 기업, 경제, 투자 등에 미치는 AI기술의 영향력을 취재하고 있다.